创业团队社会资本、风投资源获取与企业绩效

杨 俊 / 著

·南京·

图书在版编目(CIP)数据

创业团队社会资本、风投资源获取与企业绩效 / 杨俊著. -- 南京：东南大学出版社，2024. 11. -- ISBN 978-7-5766-1735-1

Ⅰ. F014.391；F272.5

中国国家版本馆 CIP 数据核字第 2024GE3817 号

责任编辑：戴坚敏　　责任校对：张万莹　　封面设计：顾晓阳　　责任印制：周荣虎

创业团队社会资本、风投资源获取与企业绩效

Chuangye Tuandui Shehui Ziben、Fengtou Ziyuan Huoqu Yu Qiye Jixiao

著　　者	杨　俊
出版发行	东南大学出版社
出 版 人	白云飞
社　　址	南京市四牌楼 2 号（邮编：210096）
网　　址	http://www.seupress.com
电子邮箱	press@seupress.com
经　　销	全国各地新华书店
印　　刷	广东虎彩云印刷有限公司
开　　本	700mm×1000mm　1/16
印　　张	11
字　　数	232 千字
版　　次	2024 年 11 月第 1 版
印　　次	2024 年 11 月第 1 次印刷
书　　号	ISBN 978-7-5766-1735-1
定　　价	66.00 元

本社图书若有印装质量问题，请直接与营销部联系，电话：025 - 83791830。

前　言

社会资本一直被作为企业出现和发展的重要驱动因素之一。大量有关创业和社会资本的文献致力于研究社会资本如何为企业提供交换媒介，帮助企业在创立和发展中获取必不可少的资源。这些研究调查了创业者在获取知识、资源和支持完成项目的过程中，如何利用他们已有的社会网络，建构新的社会网络。虽然这些研究提出了很多有价值的观点，但大部分研究关注的只是单个创业者的网络结构，忽视了创业团队社会资本的研究。

虽然有关创业团队的研究成果很丰厚，但研究者们主要关注创业团队的结构特征、个人特征或者团队内部如何影响创业企业的创建和发展过程。从社会网络角度来探讨创业团队的社会资本和绩效之间关系的研究关注有限，且缺乏深入的研究成果。现有的关于创业团队和企业绩效的研究主要集中在关注创业团队的人力资本和团队结构特征对创业企业的融资和绩效的影响。大多数研究结论表明，团队结构和人力资本对创业企业的融资和绩效都会产生影响。这些研究的理论框架基于高阶理论，研究结果也补充和完善了创业团体的研究，但对于从团队特征到绩效的黑箱仍有待研究的空间。而社会资本和资源获取的关系是团队特征到企业绩效这一黑箱的路径之一。现有的研究成果从多角度证明，创业团队社会资本对企业的融资和绩效都有影响，并且大多结论认为，创业团队的社会资本可以帮助企业获得外部资金的支撑，从而缓解创业企业的财务困境。但现有的研究大部分都未研究社会资本到企业绩效之间的黑箱，更未将不同类型的社会资本与企业绩效的作用机制进行深入系统的研究。本研究将社会资本进行细分，并且深入研究创业团队社会资本到企业绩效之间的作用机制，弥补了现有研究的不足。在另一方面,从现实意义上来讲,在中国的转型经济时期,社会资本对正式的制度有替代作用。因此,了解社会资本的作用机理,有助于推动创业的发展及推动创业经济的发展。

本书基于创业管理理论、社会资本理论、资源基础观这三大理论框架,以 2009—2017 年中国创业板的 689 家企业为研究对象,使用公开的数据资料,在建立理论模型的基础上,用层次回归分析法系统探讨了创业团队的社会资本对企业绩效的作用机制、风险投资资源获取在其中所起的中介作用,以及行业类型和市场竞争环境所产生的影响作用。

本书的主要研究结论如下:

第一,创业团队社会资本对企业绩效有显著的正向影响。创业团队三个维度的社会资本均对企业绩效有显著的正相关影响。即创业团队成员如果具有政府工作经历、企业之外的工作经历,以及金融行业从业经历,都能对企业绩效有显著的正向影响作用。

第二,创业团队社会资本以风投资源获取为中介变量会对企业绩效产生影响。即风投资源获取在社会资本三个维度与企业绩效间的中介作用均得到支持。社会资本到底是如何影响企业绩效的,资源获取打开了中间的黑箱。风投资源获取在创业团队政府联系、社会联系与企业绩效关系中起中介作用,并且是部分中介作用。风投资源获取在创业团队企业联系与企业绩效关系中起中介作用,并且是完全中介作用。

第三,行业类型和市场竞争是企业的中观环境,对企业绩效有影响。研究结论部分支持在制造行业内,创业团队社会资本对风投资源获取的正向影响更显著;研究结论不支持在制造行业内,风投资源获取对企业绩效的正向影响更显著,即行业类别的调节作用只得到部分支持;研究结论还不支持在竞争激烈的市场环境里,创业团队社会资本对风投资源获取的正向影响更显著;研究结论部分支持在竞争激烈的市场环境里,风投资源获取对企业绩效的正向影响更显著。

关键词:创业团队;社会资本;资源获取;风险投资;企业绩效

ABSTRACT

Social capital has always been a driving factor in the emergence and development of businesses. A large number of literatures on entrepreneurship and social capital are devoted to studying how social capital can provide exchange media for enterprises and help them acquire essential resources in their creation and development. These studies investigate how entrepreneurs use their existing social networks to build new social networks in acquiring knowledge, resources, and supporting the completion of projects. Although these studies have put forward many valuable ideas, most studies focus on the network structure of individual entrepreneurs and neglect the research on the social capital of entrepreneurial teams.

The research results about the entrepreneurial team are very rich, but the researchers mainly concern about the structural characteristics of the entrepreneurial team, personal characteristics or how the internal process of the team affects the creation and development of the entrepreneurial enterprise. Research about the relationship between the social capital and performance of the entrepreneurial team from the perspective of social network is limited attention and there's lack of in-depth and research results. The existing research on entrepreneurial teams and corporate performance focuses on the impact of entrepreneurial teams' human capital and team structure characteristics on the financing and performance of start-up companies. Most of the research conclusions show that team structure and human capital will affect the financing and performance of start-up companies. The theoretical framework of this research is based on high-order theory. The research results also complement and improve the research of entrepreneurial groups, but from the characteristics of the team to the black box of performance remains to be studied. The acquisition of social capital and resources is a path in the black box of team characteristics to business performance. The existing research shows that the social capital of the entrepreneurial team has an impact on the financing and performance of the entrepreneurial enterprise, and most studies conclude that the social capital of the entrepreneurial team can help the company to obtain the support of external funds and ease the financial distress of the startup company. Most of the existing researches have not studied the black box between social capital and corporate performance, and have not conducted in-depth and systematic research on the different types of social capital and corporate performance mechanism. This study will subdivide social capital and deepen it. The study of the mechanism between the entrepreneurial team's social capital and corporate performance has made up for the deficiencies of existing research. In a realistic sense, in the period of China's transitional economy, social capital has a substitute effect on the formal system. Understanding the mechanism of social capital will help promote the development of entrepreneurship and promote the development of the entrepreneurial economy.

Based on the four theoretical frameworks of entrepreneurial management theory, social capital theory, resource-based concept, and higher-order theory, this thesis uses 689 companies listed on GEM 2009—2017 as research objects, and uses publicly available data to establish theoretical model levels. The regression analysis system explores the mechanism of the entrepreneurial team's social capital on firm performance, the role of the venture capital resource acquisition in it, and the impact of industry type and market competition environment. The main findings are as follows:

First, the social capital of entrepreneurial teams has a significant positive impact on firm performance. The social capital of the three dimensions of the entrepreneurial team has a significant positive correlation effect on the corporate performance. That is, if the entrepreneurial team members have government work experience, work experience outside the enterprise, and experience in the financial industry, they can have a significant positive effect on the company's performance.

Second, the impact of entrepreneurial teams' social capital on firm performance is achieved through venture capital sources. That is, the intermediary role of the venture capital source is established, and the intermediary between the three dimensions of social capital and enterprise performance is supported. In the end, if social capital affects corporate performance, resource acquisition opens the middle black box. The venture capital source plays an intermediary role in the vertical connection of entrepreneurial teams, social connections and corporate performance, and is a partial intermediary role. The acquisition of venture capital sources plays an intermediary role in the relationship between the entrepreneurial team's horizontal linkages and corporate performance, and it is a complete intermediary role.

Third, the type of industry and market competition are the medium-term environment of the company and have an impact on the company. The conclusions partially support the positive impact of entrepreneurial team social capital on the acquisition of venture capital sources in the manufacturing industry. The conclusion does not support that in the manufacturing industry, the positive impact of venture capital source acquisition on firm performance is even more significant. That is, the regulatory role of the industry category is only partially supported. The conclusion does not support that in the highly competitive market environment, the social capital of entrepreneurial teams has a more positive influence on the acquisition of venture capital sources. The conclusions partially support that in a competitive market environment, the positive impact of venture capital source acquisition on firm performance is even more significant.

KEY WORDS: Entrepreneurial team; social capital; resource acquisition; venture capital; corporate performance

目 录

第一章 引言 ··· 001

1.1 研究背景 ··· 001
    1.1.1 实践背景 ··· 001
    1.1.2 理论背景 ··· 003

1.2 研究目的和意义 ··· 006
    1.2.1 研究目的 ··· 006
    1.2.2 研究意义 ··· 006

1.3 研究方法 ··· 008
    1.3.1 文献研究法 ··· 008
    1.3.2 定量实证研究法 ··· 009

1.4 研究思路与内容框架 ··· 009
    1.4.1 研究思路 ··· 009
    1.4.2 内容框架 ··· 010

1.5 可能的创新之处 ··· 012

第二章 理论基础与研究综述 ··· 013

2.1 基本理论 ··· 013
    2.1.1 创业管理理论 ··· 013
    2.1.2 社会资本理论 ··· 019
    2.1.3 资源基础理论 ··· 026

2.2 创业团队与企业绩效的研究综述 ····································· 034
    2.2.1 创业团队 ··· 034
    2.2.2 创业企业绩效 ··· 035
    2.2.3 创业团队对企业绩效的影响 ··································· 040

2.3 社会资本与企业绩效的研究述评 …………………………… 042
      2.3.1 桥联结与绩效 ………………………………………… 043
      2.3.2 结点联结与绩效 ……………………………………… 044
      2.3.3 整合桥联结、结点联结对绩效的影响 ……………… 045
   2.4 资源获取与企业绩效的研究综述 …………………………… 051
      2.4.1 资源获取的内涵与构成 ……………………………… 051
      2.4.2 资源获取对企业绩效的影响 ………………………… 052
   2.5 社会资本与资源获取的研究综述 …………………………… 053
      2.5.1 社会资本与融资行为 ………………………………… 053
      2.5.2 社会资本对资源获取的影响 ………………………… 057
   2.6 本章小结 ……………………………………………………… 058

第三章 研究假设与理论模型 ………………………………………… 060

   3.1 研究构件的界定 ……………………………………………… 060
      3.1.1 创业团队 ……………………………………………… 060
      3.1.2 创业团队社会资本 …………………………………… 061
      3.1.3 资源获取 ……………………………………………… 062
      3.1.4 创业企业绩效 ………………………………………… 063
   3.2 研究假设的提出 ……………………………………………… 063
      3.2.1 创业团队社会资本与企业绩效的关系 ……………… 063
      3.2.2 创业团队社会资本与风投资源获取 ………………… 067
      3.2.3 风投资源获取与企业绩效的关系 …………………… 068
      3.2.4 风投资源获取的中介作用 …………………………… 070
      3.2.5 行业类别与市场竞争的调节作用 …………………… 071
   3.3 理论框架与实证模型 ………………………………………… 074
      3.3.1 理论框架 ……………………………………………… 074
      3.3.2 实证模型 ……………………………………………… 076
   3.4 本章小结 ……………………………………………………… 077

第四章 研究设计 ········· 079
4.1 样本选择与数据来源 ········· 079
4.2 变量的测量 ········· 081
4.2.1 自变量 ········· 081
4.2.2 因变量 ········· 084
4.2.3 中介变量 ········· 085
4.2.4 调节变量 ········· 086
4.2.5 控制变量 ········· 087
4.3 描述性统计 ········· 088
4.4 本章小结 ········· 091

第五章 数据分析与假设验证 ········· 092
5.1 创业团队社会资本对企业绩效的主效应检验 ········· 092
5.1.1 创业团队社会资本的三维度对企业绩效的影响 ····· 092
5.1.2 创业团队社会资本对企业绩效的影响 ········· 095
5.1.3 主效应的多重共线性分析 ········· 095
5.1.4 主效应的稳健性检验 ········· 096
5.2 风投资源获取作为创业团队社会资本与企业绩效间关系中介效应检验 ········· 097
5.2.1 创业团队社会资本对风投资源获取的影响 ········· 097
5.2.2 风投资源获取对企业绩效的影响 ········· 098
5.2.3 中介效应检验 ········· 098
5.2.4 中介作用的稳健性检验 ········· 103
5.3 行业类别和市场竞争的调节效应检验 ········· 103
5.3.1 对企业团队社会资本与风投资源获取关系的调节效应检验 ········· 103
5.3.2 对风投资源获取与企业绩效关系的调节效应检验 ··· 109
5.4 本章小结 ········· 112

第六章　研究结论与启示 …… 113
　6.1　研究结论 …… 113
　6.2　研究启示 …… 117
　　6.2.1　理论启示 …… 117
　　6.2.2　管理启示 …… 119
　6.3　研究不足和展望 …… 122
　　6.3.1　研究不足 …… 122
　　6.3.2　研究展望 …… 123

参考文献 …… 125

致谢 …… 159

图表目录

图 1-1	研究思路图	010
图 2-1	高阶理论模型图	017
图 2-2	第三代高阶理论图	019
图 2-3	"结构洞"示意图	025
图 2-4	资源模型图	027
图 2-5	外部社会资本与内部社会资本图	046
图 2-6	结点联结和桥联结综合图	046
图 3-1	理论模型图	075
图 5-1	创业团队社会资本与企业绩效间的主效应相关系数图	097
表 2-1	典型资源分类	029
表 3-1	假设汇总表	077
表 4-1	创业板企业总体特征(截至2017年)	080
表 4-2	样本整理后的企业总体特征	081
表 4-3	创业团队社会资本的测量	084
表 4-4	所有变量汇总	088
表 4-5	描述性统计	088
表 4-6	相关系数表	090
表 5-1	创业团队社会资本对创业企业绩效的回归结果	093
表 5-2	社会资本各维度对公司财务绩效回归结果的共线性	094
表 5-3	社会资本对公司非财务绩效的回归结果	096
表 5-4	VC在社会资本各维度与公司财务绩效关系中起中介作用的回归结果(Roa)	100

表 5-5　VC 在社会资本各维度与公司财务绩效关系中起中介作用的回归结果(Roe) ………………………………………………… 102

表 5-6　VC 在社会资本各维度与公司非财务绩效关系中起中介作用的回归结果 ……………………………………………………… 104

表 5-7　行业类型对创业团队社会资本与风投资源获取关系的调节作用 ……………………………………………………………… 105

表 5-8　市场竞争对创业团队社会资本与风投资源获取关系的影响 ……………………………………………………………… 107

表 5-9　行业类别对风投资源获取与企业绩效关系的影响 …………… 109

表 5-10　市场竞争对风投资源获取与企业绩效关系的影响 ………… 110

表 6-1　假设验证结论汇总表 ………………………………………… 116

第一章 引 言

1.1 研究背景

社会资本一直被作为企业出现和发展的重要驱动因素之一。大量有关创业和社会资本的文献致力于研究社会资本如何为企业提供交换媒介,帮助企业在创立和发展中获取必不可少的资源。这些研究调查了创业者在获取知识、资源和支持完成项目的过程中,如何利用他们已有的社会网络,建构新的社会网络。虽然这些研究提出了很多有价值的观点,但大部分研究关注的只是个别创业者的社会网络结构,忽略了对创业团队社会资本的研究。通常来说,团队创业比个人创业更容易成功,因此研究创业团队的社会资本很有必要。本书的目的是研究创业团队社会资本是如何影响风投资源获取,进而影响创业绩效的。

1.1.1 实践背景

自2015年6月国务院出台《关于大力推进大众创业万众创新若干政策措施的意见》[1]以来,中央和各地政府相继出台了几百条政策支持创业,全社会对创业和创新赋予了前所未有的热情和行动。2022年党的二十大报告中明确提出"完善促进创业带动就业的保障制度"[2],2022年政府工作报告提出"深入开展大众创业万众创新,增强双创平台服务能力"。[3] 调查显示,96%

---

[1] 国务院.国务院关于大力推进大众创业万众创新若干政策措施的意见[N].中国劳动保障报,2015-06-17(002).
[2] 习近平.高举中国特色社会主义伟大旗帜为全面建设社会主义现代化国家而团结奋斗——在中国共产党第二十次全国代表大会上的报告[J].求是,2022(21):1.
[3] 本刊编辑部,樊文.2022年政府工作报告[J].中国民政,2022(05):15-16.

的大学生都曾有过或仍然有创业的意愿。① 在我们身处的日常生活中,从衣食住行、教育、医疗,再到金融等,创业项目已经覆盖了所有行业和领域。新时代的创业成为促进中国提升综合国力、经济持续增长的重要引擎,正在如火如荼地进行。在这种创业环境的驱动和影响下,中国每天新注册企业达一万多家,平均每分钟就有七家公司诞生。与此相对应,对创业的研究前所未有地受到政界和学术界的广泛关注。

创业活动是一项风险较高的活动,它将面临很高的失败率。创业学者Shane(2009)在对美国的创业企业进行研究时发现,有40%的新创企业存活时间不到一年,且五年后失败的新创企业比率高达55%。中国的数据要更加残酷,创业成功率普遍低于5%,三年后创业公司还能正常经营的只有0.2%左右。② 在这种社会背景下,对企业创业的相关问题进行理论调研和分析,探索创业团队成功的条件,对于提高创业企业存活率和绩效,推动和引导创业企业的健康、快速发展,具有十分重要的理论和实践意义。

创业过程是创业团队识别创业机会,获取、整合创业资源,并将创业机会付诸实践的过程。在企业的创立过程中会面对重重困难,单凭创业者个体去获得创业资源、整合资源和发挥资源作用的难度很大。同时,创业者还面临着进入门槛和新进入缺陷等问题。相比创业者个人,创业团队能更好地解决新创企业面临的种种问题。而且团队创业的成功概率要远高于个人创业的成功概率。有研究显示,团队创业的成功比例高达60.5%,而个人创业者的成功比例仅为39.5%(张玉利等,2003)。因此,大部分企业在创始初期大都是通过团队共同创业的方式展开的。针对团队创业的研究也越来越被理论界所关注。

在外部环境日趋动态化、模糊化,以及市场竞争越来越激烈的社会现实条件下,创业团队所面临的重大挑战是,能否从内外部环境中获得资源并科学运用资源,这将直接影响到企业绩效。根据利益相关者理论,利益相关者群体包括公司所有者在内,除了物质资本和人力资本以外,对公司日常的经营和生产活动都投入了某些特定资本。这些特定资本体现为一种依赖于信

---

① 来自中国传媒大学《2021年中国大学生创业报告》
② 来自麦可思研究院《2017年中国大学生就业报告》

任和承诺机制的长期合作关系,理论界将其称作"社会资本"。社会资本是各方利益相关者所拥有的社会网络、互惠性规范和相互信任以及由此产生的资源。近些年来,学者们在对公司绩效的研究中发现,社会资本扮演的角色愈来愈重要。但同时需要注意一个问题,当前的研究主要是以创业企业家个人所拥有的社会资本为对象展开的,忽略了创业团队整体所拥有的社会资本对企业绩效的影响。

那么,社会资本从何而来？创业团队如何根据自身的资源基础来选择团队成员？创业团队社会资本如何直接和间接影响公司绩效？创业团队的不同社会资本是如何交互作用的？如何配置创业团队才能够有利于获得风险投资,并最大程度获取外部资源？创业企业如何选择与配置团队成员才能最大可能地增加公司价值？对于这些问题的思考,是本书开展相关创业团队社会资本与公司绩效关系问题的主要驱动因素。

1.1.2 理论背景

(一) 创业团队研究的由来

经验数据表明,关于个人创业者的研究存在问题。被誉为"创业理论之父"的哈佛大学经济学家 Joseph Schumpeter 在其关于创业者独特性的开创性著作中提出创业企业家是社会和经济变革的重要推动者。创业者把企业当作实现他们思想的传递机制和推动力。由于创业企业在美国经济中为就业增长发挥着不可或缺的作用(Haltiwanger et al,2010),Schumpeter 提出的创业者和创业企业的影响可以在整个经济中感受到他们的力量。创业企业在美国经济中创造了 48% 的就业机会和 46% 的国内生产总值(Gross Domestic Product,简称 GDP)[1],全球中小企业占所有国家 GDP 总和的 75%。[2] 学者们了解创业企业的重要性和影响,一直在寻求识别创业者与公司经理的不同(Smith et al,1967;Schumpeter et al,1934),这将有助于更多创业者建立稳定且成功的企业,从而增加创业企业对经济的正面影响。然

---

[1] 数据来自美国小企业管理局 2012 年报告
[2] 数据来自世界银行集团 2009 年发布的《世界银行 2009 年度报告》

而,研究者往往假设创始人是唯一的,而不是创始人团队(Ensley et al,2002)。单一创始人这种观点导致了与文献中发现的与创业者相关的特征超过40个,竟然几乎找不到经验证据支持他们(McClelland,1987)。这种缺乏经验依据、可重复性验证的结论,促使人们放弃对创业者本质的调查,很多学者甚至称之为"错误的问题"(Katz et al,1988)。当然,这也许是一个正确的问题,在考虑到"创业的企业家是复数而非单数"时(Gartner et al,1994),创业团队研究符合现实。无论一个辉煌的"独狼"创业者能改变世界这种观点有多浪漫,现实情况是,绝大多数创业公司都是由创业团队创立并发展起来的。2000年到2015年企业家动态研究(PSED)I和II的结果显示,美国创业公司的比例按照规模分类仍然不变,但公司由独立创始人创建的比例大约只有20%,创业团队创建的比例约占80%。其中,约26%的公司由两位创始人创立,约20%的公司由三位创始人创立,约15%的公司由四位创始人创立,其余均由五位或更多创始人创立(Bena et al,2010)。与独立创始人相比,这些大比例的团队创业强调了创业团队的重要性(Beckman et al,2007),创业团队比例可能还会随着创业者寻求合作能力的提高而增加,有许多营利机构专为创始人寻找合伙人或提供配对服务(Tichy,2001)。

高阶理论(Hambrick et al,1984)认为,一个组织是公司高层管理团队(TMT)的反映。在早期风险投资的情况下,TMT和企业家创始人团队是一回事。创业团队影响企业文化,并在企业发展中留下了持久的印记(Barringer et al,2005;Colombo et al,2005)。创始人人口统计因素、技能、行业经验、行为和认知偏好的总体构成已经显示出会影响公司业绩(Ruef et al,2003;Kor,2003;Beckman,2006)。然而,文献尚未完全解决创业团队内异质性和同质性之间经常冲突的影响。先前的研究表明,创始团队的异质性有利于公司发展,并通过减少人力资本重复和改善决策质量为公司取得更好的业绩(Alvarez et al,2001),而创始人的同质性可以导致集体思维和较少的创新(Beckman et al,2007)。但是,彼此之间差异过大的创始人团队在沟通上也会有很大的障碍(Rulke et al,2000),并对公司业绩产生不利影响。

(二) 创业团队社会资本的研究由来

社会资本在创业企业生命周期里扮演了一个重要的角色,它为企业获得关键资源提供了媒介(Aldrich et al,1999)。创业者们利用他们现有的社会网络创建新的社会网络,以获取知识和资源来保证创业的顺利进行。有些研究着力于解决社会资本如何为企业提供有形资源,如物质和财务资本(Aldrich et al,1986;Zimmer et al,1987;Birley,1985);有些研究探讨了在创业企业发展过程中,社会资本如何帮助企业获得无形资源,如关键信息帮助创业者认知和利用机会(Hills et al,1997;Ardichvili et al,2003;Davidsson et al,2003),帮助创业者获得风险承担的情感支持(Bruderl et al,1998),提供创业行为的一致性(Hoang et al,2003),提供合法性和背书(Deeds et al,1997;Stuart et al,1999)。

大量的研究关注创业者个人的网络结构,但大多数新创企业是由团队建立的而非单个人。虽然很难有具体的比例数据,但从一个研究了2 994个创业者的研究来看,即使是国际独立商业联邦的成员,他们中有30%有专职的合伙人。而且,很多商业类型(如高科技公司),就更多地由团队创立。在一个研究高科技创业的综述里,发现70%的企业创建者都有专职的合伙人。

团队创业比个人更容易成功(Lechler,2001;Cooper et al,1992;Timmons,1990)。大量的文献发现,相比个人创业者,团队创业者更容易存活,获利更高,并且成长性更好。研究者们解释团队创业之所以有这个优势,是因为团队能整合和互补人们的个性、知识、技能和能力(Roure et al,1986)。团队之所以能有更多的创业成功,也可能是因为他们能带给创业企业社会资本。这个观点有待解释和实证。本书尝试以社会资本为切入点,阐述新创企业团队的优势,并探讨社会资本对创业活动的动态影响。

一些研究者已经发现了创业团队的社会因素。从社会视角看,许多研究表明,团队成员的外部社会嵌入为创业企业提供重要的外部联系。例如,Eisenhardt和Schoonhoven(1996)研究了102个新创半导体公司,发现高管团队的社会嵌入对创业公司和新创公司的重要性,因为他们没时间建立公司级的网络关系,这时候高管团队的社会网络关系就尤为重要。他们证明了,如果团队成员间有较好的联系,那么通过团队成员和以往工作的联系,团队更能形成产品开发联盟。Grandi 和 Grimaldi(2005)的研究发现,创业团队与外部机构建立关系的意图以及和外部机构互动的频率可以预测公司的成功。

其他文献显示,团队的内部社会资本,包括社会互动水平、信任水平和团队成员的情感作用,也影响新创公司的业绩。例如,Lechler(2001)研究了183个在德国的团队创建的企业,证明了内部社会资本对创业企业业绩的作用。Ensley,Pearson 和 Amason(2002)研究了 70 个创业企业,发现高管团队的一致性和新创企业的业绩呈正相关关系。

尽管这些研究都在推进社会资本的研究进程,但是迄今为止,很少有学者去探讨创业团队不同类型的社会资本对公司绩效的影响。本书的目的是补充这类研究,将创业团队社会资本的不同类型同时进行研究,以在特定时间维度上了解它们对企业绩效的动态影响。

1.2 研究目的和意义

1.2.1 研究目的

本书希望通过实证研究,围绕"创业团队社会资本影响企业绩效"这个基本问题,进行深入的分析与研究,探讨创业团队社会资本以什么途径影响企业绩效,在什么条件下能促使企业绩效的提升。

本书深入探索了以下问题:(1)创业团队社会资本的不同维度分别对企业绩效的影响,以及三个维度的整合效应对企业绩效的影响;(2)风险投资资源获取在创业团队社会资本到企业绩效中间的作用机制。(3)行业类型和行业竞争对创业团队社会资本与企业绩效之间关系的影响机制。

1.2.2 研究意义

关于创业者的研究以各种方式进行:通过观察个人表象特征了解他们的个性;审视个人心理过程的认知方法;审视个人行为的行为方法;以及社会/文化方法研究社会网络和社会如何影响个人对创业行为的愿望和行为方式。然而,大多数公司都是由团队而不是由个人创立的,这些都是对历史研究中缺乏可重复和普遍发现的可能解释。本书在研究创新文献时,重点关注团队和团队合作以及团队组成会影响创新产出这几大问题。本书无论是对管理理论还是管理实践都具有意义。

(一) 理论意义

第一,进一步验证了社会资本理论。首先,本书用中国的数据提高了社会资本理论的普适性。然后,用二手数据对以往的一手数据进行了补充,进一步验证了社会资本理论。同时,整合了社会资本的三种不同维度,讨论创业团队社会资本的形成及其作用,推进了社会资本和团队的研究,解决了研究者们普遍遇到的难题,即社会资本和业绩的因果关系。

第二,进一步丰富了创业理论。本书基于创业和社会资本的关系,探讨创业团队不同类型社会资本对公司绩效的影响,特别是创业团体政府联系、企业联系和社会联系对公司绩效的影响。从整合社会资本的视角研究创业团队的优势,弥补了原先的理论不足。本书通过对上市公司数据的分析,深入探索了创业团队社会资本如何影响企业得到风险投资资源,从而影响企业业绩。并且找到了创业团队社会资本影响绩效的相关因素,深化了创业理论,并为创业实践提出了指导意见。

(二) 实践意义

本书试图研究创业团队社会资本与创业企业业绩之间的关系,以及研究两者之间的作用途径,以清晰地解释两者的作用机制来解决什么样的社会资本配置能提升企业绩效的问题,为创业者提高创业成功率提供了可行之道。人们普遍认为,社会资本或嵌入创业者个人网络的资源对于创业公司的业绩十分重要。例如,网络连接使创业者能够发现新的商业机会,获得低于市场价格的资源,以及来自外部利益相关者的合法性。尽管有这些潜在的好处,但创业者的精力和时间是有限的,培养社会资本需要大量的机会成本,这就提出了一个问题:创业者需要配置什么样的网络关系对创业企业最有利? 然而,迄今为止,关于什么样的社会关系能提升企业绩效还未达成共识。由于对社会资本的定义和分类的不同,研究设计会有所不同,所以研究结论并未统一。本书的研究通过研究两者之间的内部机制,为解决这一问题提供了工具。

本书的研究为创业者获取风险投资资源提供了可行的路径。获取财务资源是企业家在创业和成长过程中面临的关键挑战之一。风险投资作为一种独特的融资方式,在高度不确定性的环境中广受欢迎。风投从业者经常被描绘成创造价值的特殊投资者,他们通过选择最有前途的行业和提供财务资源来选择更有前途的企业。创业企业的融资对企业绩效有较大影响,决定着企业的生存和发展,一直是研究的热门话题。风险投资是创业企业的重要外部融资来源,具有很大的优势,能为企业提供生产经营所需资金。风险投资不仅能为企业提供财务资源,同时还能提供管理支持等额外支持,促进其业绩的增长。但是,如何获取风投资源是创业企业面临的难题。尽管以往的主流观点认为,风险投资在不确定的环境中增加了创业公司的成功可能,但关于这一关系的经验证据是不确定的。本书进一步提供研究证据,为创业者获取风投资源指明路径。

1.3 研究方法

本研究是针对创业团队社会资本问题进行研究,研究的理论范围包括创业管理理论、社会资本理论和资源基础理论三个领域的交叉,涉及面较广。为了获得真实有效的研究结果,需要严谨选择研究方法。

本书主要使用文献研究、规范分析和定量实证研究的方法,并力求将上述方法有效融合。从文献研究和规范分析中总结以往的研究成果,并发现不足,从而引出问题。定量实证研究进一步验证本书研究主题的各项假设和理论模型,为指导创业者提高创业成功率提供借鉴。

1.3.1 文献研究法

通过对创业团队、社会资本、风险投资、企业资源获取等领域的研究文献进行搜集、整理和分析,为本研究的理论框架提供文献支持。

国内文献尽量搜索影响因子较大的 CSSCI 期刊,国外期刊搜索 SSCI 索引的期刊。首先,重点搜索了创业领域的期刊(如 JBVE、ETP),然后广泛搜索管理领域的期刊(如 AMR、AMJ、SMJ、ASQ),寻找与研究主题相关的文献,并分析整理其中观点。其次,根据前期搜索出的文献,溯源其重要引用文献,梳理相关领域最早的研究、研究的发展以及现有的观点,形成对相关主题系统的认识。最后,对文献中理论的边界条件和研究方法进行分析,了解理论研究结论的适用性和所用方法。借此明确本研究的可行方法以及待研究问题,并为提出理论假设做准备。

1.3.2 定量实证研究法

通过文献研究,梳理归纳发现以往理论的问题后,对创业团队社会资本的构成,及其对企业绩效的影响机制和影响因素进行进一步的讨论和思考后,提出了核心构念间的一系列假设,进而构建起本书的理论模型。然后通过研究设计,选择样本并确定样本来源,收集数据并用计量统计的方法对假设进行一一验证。利用回归方程式量化模型,运用统计软件计算并分析模型。

创业团队社会资本问题涉及团队层面社会网络关系,其往往涉及私人敏感话题,甚至很多企业基于各种考虑不愿意透露真实信息,这为本研究带来了数据获取上的难度。基于社会资本用一手问卷调查的研究很多,而这样的研究会受到被调查者主观的影响,所以本研究选择用公开的二手数据。本书采用公开的数据进行研究,以国泰安 CSMAR 数据库以及招股说明书作为数据的来源。选取创业板中 2009—2017 年的上市公司为研究样本,运用层次回归分析法,借助 STATA 统计分析软件,对理论模型中的假设进行了验证,并对构想之间的关系进行了量化统计分析。

1.4 研究思路与内容框架

1.4.1 研究思路

本研究的研究思路遵循以下逻辑:介绍研究背景和意义、界定研究范围、综述理论基础和文献、提出假设与构建概念模型、研究设计、实证验证、总结研究结论以及贡献与不足。研究思路如图 1-1 所示。

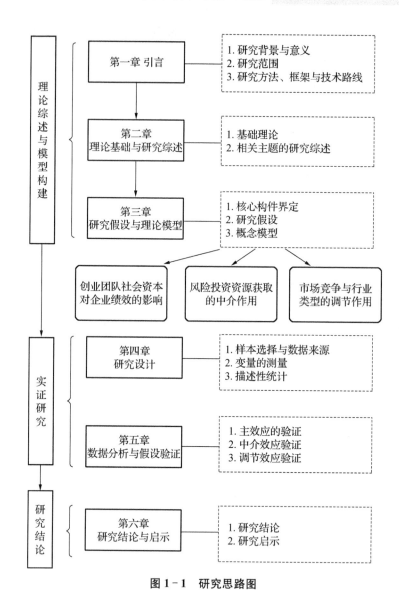

图1-1 研究思路图

1.4.2 内容框架

本书共分6章,内容安排如下:

第一章为引言,在大众创业万众创新的背景下,创业创新成为经济的新增长点。但创业企业面临新进入障碍、缺乏资源、存活率较低的问题。如何解决创业过程中的问题成为学界的关注点。首先,本章从实践和理论的角度阐述研究背景,并提出本书的研究意义。然后,本章界定了研究范围,解释了研究方法,并对全书内容作框架梳理,给出技术路线。最后提出本书的创新点。

第二章为理论基础和文献综述。本章提出了三个理论基础,分别是资源基础理论、社会资本理论、高阶理论和创业管理理论。本章首先对这三个理论进行了综述,并从中找到对本书的理论支持;然后进行文献综述,主要从两个角度进行论述:(1)对核心概念相关的文献进行综述,包括创业团队、社会资本、创业绩效、风险投资资源获取,总结所取得的研究成果;(2)围绕创业团队社会资本和企业绩效的关系进行综述,包括风险投资在其中所起到的作用,以及行业类别和市场竞争环境对其影响。在深入的理论研究基础上,发掘现有研究中的不足之处,针对理论薄弱点提出待研究和解决的问题,同时也广泛寻求本研究的理论基础和文献来源。

第三章为研究假设与理论模型。本章先对研究的核心概念进行界定,包括创业团队、社会资本、风险投资资源获取、企业绩效。然后提出创业团队社会资本影响企业绩效的内在机制的7组23个假设,基于此构建了风险投资资源获取在创业团队和企业绩效间中介作用的概念模型,并引入了市场竞争和行业类型两个调节变量。

第四章为研究设计。本章首先对抽样的方法和数据来源作了详细说明,研究者选择使用公开的数据对理论模型进行验证,以补充现有文献的不足,并对数据来源和数据整理的方法进行了解释,从样本和数据上保证研究的规范性。然后对各变量的测量进行了阐述,力求从现有文献中选择最优的测量方法以及确保测量的结果是有效的。最后做了描述性统计并计算了相关系数。

第五章为数据分析与假设验证。本章对理论模型进行实证验证,通过对主效应、中介效应、调节效应进行数据分析,从统计层面来验证研究假设,对相关的数据结果一一说明,并从中得出结论。

第六章为研究结论与启示。本章对整篇研究的结果进行提炼和总结,并结合现有理论进行探讨和解释。最后总结出本书的结论和启示,并提出不足和局限。

1.5 可能的创新之处

本书开发出了一个研究框架,整合了不同产生社会资本的网络机制。特别是探索了风投资源获取在创业团队社会资本到绩效中间所起的作用,以及行业类型、市场竞争的影响作用。本书基于创业管理理论、社会资本理论、资源基础观这三大理论框架,通过收集689家创业板上市公司的公开数据,以2009—2017年上市创业板的689家企业为研究对象,使用公开的数据资料,建立理论模型,用层次回归分析法系统探讨了创业团队社会资本对企业绩效的影响及作用机制。现有研究倾向于从创业团队的结构和特征研究其对企业绩效的影响,对于创业团队行为的黑箱研究结论较少,对创业团队影响绩效的路径研究也不足,本书对此作了有益的补充研究,完善了现有的创业理论,并在社会资本的框架下进行创业团队社会资本对企业绩效影响的研究。

本书的创新点主要包括以下几个方面:

(1)从行为视角的层面,揭开了社会资本与新企业绩效之间的黑箱,挖掘了创业团队如何利用社会资本去提升企业绩效。上述结论有助于进一步探索社会资本、资源获取、企业绩效之间的关系,进而解释为何有些创业公司能获取好的资源并存活、发展壮大。

(2)将风投资源获取引入创业过程,并检验了其对创业绩效的影响,进一步强化风险投资能影响创业绩效的理论成果。以往的研究要么从社会资本影响风投的角度进行,要么从风投影响企业绩效的角度进行。本书构建了完整的理论框架,建立新模型,将这两者进行结合,提高了社会资本理论的解释性。

(3)研究创业团队社会资本的不同维度,加强了社会资本对创业活动作用机制的解释。通过加入行业类型和市场竞争程度的情境因素,阐述了创业团队对企业绩效的作用机制受到什么因素的影响,从而进一步完善了创业理论,丰富了社会资本研究的内涵和边界。

第二章

理论基础与研究综述

2.1 基本理论

这一节提供了创业团队社会资本与绩效之间存在的基本问题的相关背景理论,总结了社会资本对业绩影响的相关理论;辨别了这些理论是如何应用到公司业绩上的,同时指出了这一领域中理论与实证的空白地带。最后通过整合现有社会资本的不同理论到一个完整的框架中,得出社会资本对业绩影响的启示。

2.1.1 创业管理理论

(一) 创业理论

人类较早就开始进行创业这一社会实践活动,并且对其进行观察、思考。Stevenson 等(1985)认为,关于创业的研究可上溯到奈特、萨伊等学者的经典文献当中。虽然早在 1775 年,法国经济学家坎狄龙就初步探讨了创业者的经济学理论,但直到现在还没有形成一个系统而完整的创业研究理论体系。由于古典经济学长期居于经济学主流地位,它一直将经济中的行为主体抽象为非人格化的"工厂",以市场来囊括资源配置中的所有活动,以价格来囊括资源配置中的所有信息,从而忽略了创业和创业者对经济发展的作用。直到 20 世纪 40 年代,以熊彼特为代表的部分古典经济学家推动了创业研究的发展,使其成为一个新兴研究领域。

1948 年,Arthur 在哈佛商学院开展创业史研究,并创建了创业历史研究中心。但随着学者们研究的转移和该中心的关闭,创业研究再度消沉。直到 20 世纪 80 年代,企业受到全球经济一体化的影响,导致市场环境变化纷呈。传统大型企业集团逐渐被创业及新创企业取代,社会经济发展主要依靠新创企业推动。因此,创业研究重新引起了经济学、管理学、社会学及心理学等多学科学者的关注,成为跨学科的热点研究领域,并取得了令人瞩目的进展。

20世纪80年代之前,创业者一直是创业研究的焦点,学者们致力于归纳创业者不同于其他人群的特质,借此来帮助人们确定什么样的人才能成为企业家。Collins、Sehwartz、Moore、Roberts和Cooper等心理学者分析了企业家在年龄、性别、民族、教育和个性特征、创业动机、自我实现等心理方面的特质,也有研究者从教育水平、家庭背景和个人经验等方面,分析社会因素对个人成为企业家的影响。心理学者们运用了社会心理学和个性心理学的多种研究方法,分析企业家的社会特质和个性特征,但并没有发现企业家在这些心理方面与普通人群存在显著差异。事实证明,学者想达成对创业者、创业现象及创业规律的研究,仅仅通过心理学角度研究企业家特质是行不通的。

由于一直没获得有价值的研究成果,企业家的心理及人格特质研究在20世纪90年代初开始式微。人们逐渐开始关注社会、行为、环境等概念,经济学、社会学和管理学等学科纷纷引进了不同的分析方法加入到创业研究中,创业研究的范式变得纷繁多样。比如,有人提出了创业管理模式,包括个体、组织、创建过程和环境(Cartner,1985);在此基础上,William等(1990)构建了创业管理概念框架,此框架由机会、风险、人、薪酬和环境等要素构成;紧接着,Timmons等(1999)提出了创业管理理论模型,该模型由机会、资源和创业团队构成,该研究形成了极有价值的概念框架模型。后来,基于资源基础理论的创业研究范式迅速崛起,为人们研究创业提供了客观的视角,不再单一从主观层面研究创业者个性。同时,资源管理理论与创业研究的结合也为大量实证研究提供了新的着力点。创业与资源基础理论的共同之处在于都强调异质性(Heterogeneity)。将决策力、创造力和预判力等企业家能力看作是特殊的资源资产,资源观可以顺其自然地将创业纳入其理论体系之中。在阐述新创企业如何获得竞争优势时,资源基础理论也能够系统而精准地说明问题。

21世纪以后,全球各界充分认可了创业及新创企业在推动社会经济发展、增强国际竞争力和解决就业问题等方面的巨大作用。因此,创业研究得到了极大的重视,从而得以迅速发展。在这一时期,创业研究达到空前的共识水平,学术群体内的沟通极大增强,研究课题也有着较好的关联性和延续性。这些理论从资源基础理论视角,主要分析了企业家的决策、机会发现、机会认知、组织能力、资源转换与市场竞争优势等课题,但它无法针对创新构建动态均衡的模型化框架。由于资源基础理论的这些不足,创业研究转向了机会研究、组织生成、社会资本等一些新兴的视角,这些学科的参与带来了多样化的分析方法,研究范式再次呈现出多元化趋势。

总而言之,创业管理理论是综合采用管理学、经济学、社会学和心理学等学科的研究方法,以创业者和新创事业为研究对象,以创业企业如何成功为研究内容,发现并形成创业活动内在规律的理论体系。

(二) 创业团队

自从 Gartner 研究创业团队以来,学者们开始越来越多的研究创业团队。Gartner 等人(1994)认为,创业企业家通常是复数,而不是单数。建立和发展新企业的创业活动目前被学术界公认更多的是由创业团队而不是独立创业者所完成(Reich,1987;Kamm et al,1990;Gartner et al,1994;Ensley et al,1998;Lechler,2001)。绝大多数创业公司都是由创业团队创立并发展起来的。与独立创始人相比,大批的团队创业的存在强调了创业团队的重要性(Beckman et al,2007)。Cooper(1990)发现,美国高科技企业中 70% 的公司创建者是创业团队而不是个人。此外,由团队创立的公司比个人创立的公司更为成功(Cooper et al,1977),因为创业团队似乎更能够灵活处理那些带有波动性、不确定性和复杂性的决策过程(Wright et al,2009)。创业团队比例可能还会随着创业者寻求合作的能力的提高而增加,有许多营利机构专为创始人寻找合伙人或者提供配对服务(Tichy,2001)。

自组织理论创立开始,高级管理者(以下简称"高管")就是其研究的不可或缺的组成部分(Barnard,1938;Chandler,1962)。很多学者把高管视为构建组织的核心角色(Ames et al,1961;Snee et al,1971)。组织当权者这个概念由 Cyert 等(1963)提出。Child(1972)的研究发现,组织战略取决于组织当权者在特定时期的选择。一直到 1980 年前,组织行为学学者专注于研究技术和经济因素,而不重视人力因素。例如,在研究战略过程时,学者们只关心信息和决策在组织中的传递,没有将人力因素考虑在内(Mintzberg et al,1976)。自 Child(1972)之后,学术界没有针对当权者进行创造性、系统性的研究,从而导致组织当权者的研究发展迟缓(Hambrick et al,1996)。

(三) 高阶理论

Kotter(1982)的《是什么在影响高层管理者的行为》,加之 Hambrick 和 Mason 在 1984 年的开拓性研究,在学术界开辟了对高管研究的新领域。Kotter 认为,管理者之间行为的差异可以归因于他们各自的个人背景特征不同,而 Hambrick 和 Mason 提出了一个完整的学术研究框架,并称之为高阶理论。他们认为,组织的战略选择是建立在高管的价值观、认知等内化的心理特征之上的,高管会过滤和筛选接收到的环境信息,加以分析和处理,并作出有着鲜明个人特点的战略决策,进而影响组织绩效。正是在这两部著作的引领下,针对高管个人特征影响企业战略决策和绩效的理论和实证研究,以几何级数飞速增长。

高阶理论建立了一个完整而系统的理论框架来分析高层管理者,是其最重大的学术贡献,该理论框架有三个基本观点:

第一,高管或组织当权者是宏观组织研究的一个重点。作为组织的战略决策者,高管面临的环境非常复杂,往往不在其理解能力的范畴。因此,他们在进行决策时,更多地凭借其自身的价值观和认知方法。从这种意义来说,高管的特征决定了他们的战略选择,进而决定了其所在组织的绩效。因此,分析高管的特征,有利于更好地理解组织的运作。

第二,相比高管个人,高管团队的特征往往能更准确地预测组织的绩效。相比个人而言,公司倾向于给高管团队分配责任和权力,而那些影响高管个人决策的因素会形成团队的异质性,进一步对组织的行为和绩效产生影响。

第三,人口统计学特征更容易在实证研究中测量,因为它能取代价值观、认知等不易测量的心理学变量。个人特征包括人口统计学特征和心理特征两种类型,均在高阶理论中有所研究。前者容易测量,但往往受到心理特征影响;后者结构清晰,但却难以测量。在此基础上,学者们深入研究了客观环境、高管团队特征、战略选择以及组织绩效间的相互关系(Hambrick et al,1984),如图 2-1 所示。

第二章 理论基础与研究综述

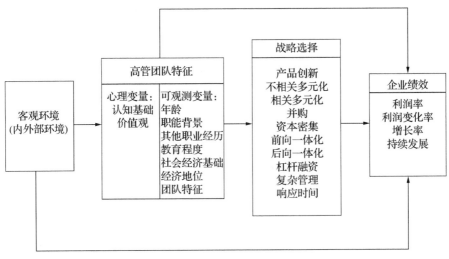

图 2-1 高阶理论模型图

资料来源：Hambrick 等（1984）

高阶理论初试锋芒，引起了学术界的大量关注，许多学者陆续投身其中加以研究，将这一理论推向了 2.0 时代。一开始，许多学者在实证研究中用人口统计学数据代替对高管团队的心理特征测量，企图推演心理因素对企业战略决策和组织绩效的影响，但并没有得到一致性的结论。于是，以 Hambrick（1994）为代表的学者开始探讨高管团队运作过程，将高阶理论进行深化，提出了"行为整合"这一说法。行为整合是指对高管团队集体行为的研究，它更能预测高管团队、企业战略决策与企业绩效之间直接或间接的关系。Hambrick 发现，许多首席执行官（Chief Executive Officer，简称"CEO"）都会跟高管们有着密切互动，却不会与其他员工有什么互动，据此，他认为这是一种"行为整合"。具体来说，即高管团队产生了集体、多边和独家的互动。紧接着，Hambrick 等（1996）从高管团队异质性的角度着手研究，更加详尽而规范地对团队运作过程作了阐述。之后的实证研究也验证了"行为整合"跟组织绩效之间存在着直接而又积极的联系（Li et al，2005；Lubatkin et al，2006）。学者们将高管团队的心理特征和社会关系转化为战略决策的过程，称为"神秘的黑箱"。揭示这一过程，不仅突破了学术意义，更能够从操作上帮助高管团队摆脱其心理特征和个人经验所带来的偏见，具有极高的实践指导意义。例如，有学者在研究中发现，某岗位工作年限较长的高管通常更难适应飞速转变的环境，或许这是因为他们要寻找更多信息去分析新趋势,抑或是其他暂不明确的原因(Henderson,2006)。

随着学术界研究的继续深入,高阶理论很快迎来3.0时代。学者们不仅着力于分析更多人口统计学特征,以及了解高管团队运作过程(Carpenter et al,2002;Beckman et al,2008),还开发了中介变量和调节变量将研究变得更加深入(Hambrick,2007;Buyl et al,2011)。回顾过去,高阶理论模型在创立之初就通过了实证检验,在接下来的二十年中,学者们在国内外各种企业、机构里都发现了高管团队对组织的巨大影响,这些研究都充分表明了高阶理论的普适性。进入高阶理论2.0时代后,人口统计学特征已经在研究中不足以解释高管所作出的部分决策,还需要借助于高管的心理特征和客观环境来解释。与此同时,研究发现高管团队运作时成员间的互动也影响着战略决策,如辩论和沟通。团队互动过程可以单独作为一种机制影响着组织绩效,在某些情境下对高管团队人口统计学特征和战略决策有调节作用。在过去学者对高阶理论研究的基础之上,Carpenter,Geletkanycz和Sanders(2004)开启了高阶理论3.0时代,他们全面总结了1984年以后基于高阶理论的研究,并且进行了精炼地概括形成了高阶理论3.0,此模型是将代理理论和高阶理论相融合。代理理论只关注组织的治理环境,却忽略了高管心理因素和人口统计学特征的差异性;高阶理论只关注高管团队特征以及心理因素,却忽视了高管所处的治理环境。学者们将高阶理论与代理理论融合成一个理论整体,可以更深入而精准地阐述高管、战略及绩效之间的关系。这一理论框架增添了包括外部环境和组织特征在内的前因变量,此外,该框架还加入了五个调节和中介变量,使高阶理论更加全面,更好地解释了高管团队特征与组织绩效间的影响机制,如图2-2所示。

但是,高阶理论基于的是稳定的外部环境中的战略选择,很少以处于动态、复杂环境中的创业企业为对象进行系统的研究。在我国,无论是制度、文化,还是市场环境,都与国外存在较大差异,探讨高阶理论和创业理论的研究本就较少,在此背景下深入研究创业团队的更少。因此,高阶理论需要通过创业团队与绩效的实证研究,从而得到进一步丰富和完善。

第二章 理论基础与研究综述

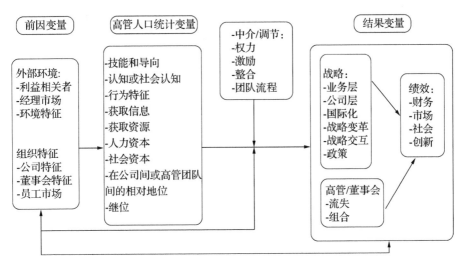

图 2-2 第三代高阶理论图

资料来源：Carpenter,Geletkanycz & Sanders(2004)

2.1.2 社会资本理论

(一) 社会资本理论的由来

社会资本理论由 Bourdieu 和 Nice(1977)最早提出,他们认为社会资本是嵌入在社会关系网络中的一种资源,假如个体占据了一定的社会地位,就有机会获得相应的社会资源。随后,这个理论被 Coleman(1988)进一步深化,他从宏观层面将社会资本并列于物质资本和人力资本,认为其广泛存在于人们的社会网络关系里。还有学者通过社会网络关系来探讨社会资本(Burt,1997;Granovetter,1985)。

迄今为止,关于社会资本的研究总体可归纳为两类:一是以社会资本的结构为切入点,对社会网络的性质、结构、强弱等方面进行研究;二是以社会资本的关系为切入点,研究外部关系和内部关系、纵向关系和横向关系(边燕杰等,2000)、商业关系和政治关系(Acquaah,2007;Hallen,2008)。在 Bourdieu(1986)看来,社会资本理论探讨的核心内容在于个体镶嵌于社会关系网络之中,获得其在社会信用和声誉方面的支持,个体还可以通过社会关系网络获得处理相关事务稀缺的、有价值的社会资源。从理论逻辑上来说,通过社会资本可以获取资源从而增加企业绩效,社会资本可以有效降低交易成本并提高活动效率(Adler et al,2002;边燕杰等,2000)。

Granovetter(1973)在弱联结优势理论的基础上,提出了联结强度的概念。在他看来,联结就是人与人、组织与组织之间的一种纽带关系,这种关系依赖于双方的交流和接触,且能够根据强弱程度进行划分:一是强联结关系,在社会经济特征(如年龄、性别、收入水平、职业身份等)相类似的个体之间容易发展起来;二是弱联结关系,存在于有差异化的社会经济特征的个体之间。由于那些社会经济特征高度相似的个体所占有的社会资本是相似而重合的,所以如果想通过强联结来获得资源,势必其同质性和冗余性比较高。换句话说,个体之间相似性比较低的弱联结,其社会资本分布范围更加广泛,更适合起到跨界输送知识、技术、信息和其他资源的作用,也更可能把一些重要信息在不同群体之间传递。因此 Granovetter 认为,弱联结才是一座强而有力的信息桥,它为群体和组织之间建立了沟通的桥梁;而强联结仅仅局限于维持群体和组织内部的关系。

当分析创业团队如何影响公司业绩时,考虑社会资本所起的作用是很重要的。早期企业从创业创始人团队的个人和扩展网络(如以前的客户、供应商、竞争对手)那里获取社会资本(Jack,2004)。这能帮助创业者克服创业的风险(Witt et al,2004),因为社会资本的缺乏会限制资源调配的能力。组织内部的创始人网络会影响组织间关系和社会资本,而组织内网络对相同机构间社会资本的影响尚不清楚。现有研究显示,当组织鼓励发展的时候组织内网络可以影响公司业绩和员工之间非正式网络,因为它可以提高创新水平。密切合作的团队产生的独特而创新的想法在强大的组织间网络中具有更大的影响力(Stam et al,2006)。

(二) 社会资本的概念

学术界对社会资本的概念莫衷一是。有学者认为,社会资本是通过网络得到的潜在或现实资源(Putnam et al,1995;Bourdieu,1986);有学者则认为,社会资本既包括社会网络自身,也包括可通过它所能调动的资源集合(Bourdieu,1986;Burt,1997)。因此,社会资本的操作定义可理解为商业活动主体通过一定的活动而获得的植入于社会网络中的资源。

应当将社会资本放到社会网络背景下加以考虑,其所取得的社会资源是由于其居于社会网络中的战略位置或重要地位而来,它强调了处于社会网络个体。比如,知识信息、声誉名望及战略资源三种社会资本,即镶嵌于董事网络之中(Lin,2001)。有学者认为,社会资本是由具备一定功能性的多个差异化的实体组合而成,它们拥有着共同的社会结构,能够帮其在社会结构中进行活动(Coleman,1988)。此外,还有学者认为社会资本是存在于个人或团体中的可利用资源(Adler et al,2002)。

(三) 社会资本的来源

Portes等(1993)描述了社会资本的四大来源:第一个来源是价值融合,是基于对群体的认同,这种价值观引导个体以利他行为对待别人,特别是对该群体的成员;第二个来源是互惠交流,引导个人在既定的互惠规范基础上,在一个确定的群体中慷慨地为他人服务;第三个来源是有界团结,源于经历了共同事件或一系列事件的一群人;第四个来源是可执行的信任,源于一种期望,即一个被定义的团体将惩罚任何不适当地对待该群体另一成员的个人。对于这四个社会资本来源,全球创业文献比较多的强调了互惠交易和可执行的信任,这两个来源的促发主要是理性效用最大化。另外两个来源,价值融合和有界团结,在创业研究中是不充分的。

Burt(2000)以一个简化的方式将社会资本描述为是一种隐形的优势。他解释说,如果拥有这种隐形的优势,特定的人或者团队能在同等努力的情况下得到更好的回报,因为他们有更好的联结。但是,当用网络机制来定义更好的联结时,就意味着不知什么时候分歧就出现了。也就是说,除了社会资本来源于社会关系的结构中这一基本共识外,产生社会资本的社会结构的具体方面产生相当多的争议。那么,什么是社会结构呢?社会结构是指组成行动者在社会网络中所占据的位置,以及网络内部行动者是如何相互联系的。社会资本即是行动者因在社会关系结构中所占据的位置而可获得的资源。

以前的研究通过一些被广泛接受的指标来衡量社会资本。主要方法是考察企业家的个人网络,探讨网络规模和深度对企业绩效的影响。社会资本用以下变量衡量:网络规模、网络密度、网络多样性、强或弱关系优势和网络冗余(Bruderal et al,1998)。

Adler和Kwon(2002)整合了关于什么是更好的联结的不同观点。他们综述了社会资本的文献,发现大部分的研究之所以不同,取决于他们的关注点侧重于哪个方面:一是研究关系,即个体与其他个体在行动时是否保持一致的关系;二是关系结构,即团体内部成员之间的关系结构;三是两者的联系,即关系与关系结构之间的联系。第一种研究观点称之为桥联结,它把社会资本作为社会网络中的固有资源,联系不同群体中的行动者。这种观点主要关注社会网络中的行动者间(行动者可以是个人、群体或者是组织)如何通过直接和间接的联结促进他们在竞争中获胜。第二种研究观点称之为结点联结,关注一个集体通过内部网络获取利益,这种内部网络使得集体成员具有一致性且相互信任,以便更好地达成集体的目标。第三种研究观点是内外部维度的折中(Nahapiet et al,1998)。

(四)社会资本的测量

由于各个学者关注的社会资本测量的侧重点有所不同,测量方式也因此比较多样化。从个体层面来看,有学者通过一手数据来源对个人的社会网络关系结构进行测量。关系结构可以分为两种测量方法:一种叫定位法,也被称为位置生成法,其主要研究等级制位置,即假设社会资源是按其地位高低呈金字塔排列,那么居于社会网络中的个体所处的社会结构中的地位决定了其所拥有的社会资源的数量。在这种假设下,让受访者描述在每一层级上是否有关联者、与之关系如何(赵雪雁,2012)。另一种叫定名法或提名生成法,该方法要求受访者说出跟自身关系紧密的社会网络成员,包括姓名、特征以及人际关系等内容。在研究个体间交往范围和资源的异质性时,定名法是常见的测量方法。

通常,学者们采用自我报告法来测量社会网络关系的内容,让受访者直接汇报其政府联系、企业联系和社会联系。还有学者脱离与研究群体的直接接触,利用二手数据来源进行研究。例如,以上市公司高管为研究对象,利用公开的数据库采集其社会资本情况,如可以通过是不是党员、人大代表等来表明其政治关联情况;是不是行业协会成员表示其社会关联情况;是否有连锁董事表示与其他企业的关联关系等。

(五)社会资本的分类

基于关系分类的方法,有学者将社会资本分为正式网络关系和非正式网络关系(Tichy et al,1979);也有学者将社会资本分为技术、市场、政府、金融等(张方华,2006);还有学者将社会资本分为结合型、联系型和沟通型(Acquaah,2007;Stam et al,2014),或者将社会资本分为横向联系、纵向联系和社会联系(边燕杰等,2000)。

还有学者归纳出了个体、组织间社会网络的两种表现形式:第一种是无洞结构网络,也就是说网络中的任何两个个体之间都有联结关系,随便哪两个个体之间都不存在关系间断的情况,通常可见于小群体当中;第二种是有洞结构网络,也就是网络中特定个体与某些个体存在联结关系,却跟其他个体没有这样的联结,个体之间发生了关系间断的情况,就像是好好的一张网中间出现了破洞,也被称之为"结构洞"。在学者看来,相比稠密网络,布满"结构洞"的疏松网络更具有优势,因为在紧密的社会网络中,各个个体都分享着相似的信息,从而导致冗余性信息大量产生;而在疏松网络中,处于"结构洞"附近的个体能够得到许多异质性信息,从而利用这些信息占据竞争优势(Burt,1991)。

Granovetter(1992)研究了结构式嵌入和关系式嵌入。他将关系式嵌入描述为人与人通过长期的接触而发展起来的个人关系,这一概念着重关注于人们所拥有的、影响他们行为的特定联系,如友谊和尊重;结构式嵌入把社会系统和其关系网络的资产当成一个整体,描述了非个人结构的人们之间、子群体之间的相互关系。

Nahapiet 和 Ghoshal(1998)将社会资本分为关系维度、结构维度和认知维度。其中,关系维度是指网络中行动者之间联系的情感质量,即你要和谁联系,怎样和他们联系;结构维度是指行动者之间相互联系的总体的模式;而认知维度是指为各行动方提供的共同解释、表达和意义系统。在获取知识、资源和相关支持的过程中,创业者用他们现有的社交网络建立新的社交网络(Aldrich et al,1999)。Burt(2000)把社会资本描述为有利的优势,他这样解释说,某些人或某一群人在同样努力的情况下,会因为他们有某种更好的连接而得到更高的回报。然而,他也承认这种网络机制以不同的方式定义了"更好连接"。Adler 和 Kwon(2002)在努力调和关于"什么是更好的连接"上的不同观点,他们回顾有关社会资本的文献时发现大多数研究得出不同观点的原因,主要在于他们的关注点不同。一般有两个关注点:(1)行为者的外部关系;(2)在一个集体里面,内部行为者之间的关系结构。除了内部关系、外部关系这两类关系,他们还提出了一个第三类关系。他们称外部关系为桥梁观点,因为它关注外部关系,从而导致信息不对称和权力利益;称内部关系为结点观点,因为它强调内部联系、团结和信任。Adler 和 Kwon(2002)认为社会资本有两种类型:桥联结型社会资本(bridging form)和结点联结型社会资本(bonding form)。桥联结型社会资本关注行动者的外部网络分析,结点联结型社会资本关注集体内部成员的联系特征。

(1) 社会资本的桥联结

桥联结理论认为,社会资本的价值来源于参与和控制信息的扩散。这个观点由 Burt(1992)的"结构洞"理论所主导,他把社会资本描述为中间人的功能。这个观点强调社会资本的价值来源于占据了关键位置,并能利用这个位置获得优势。

Burt 采用了 70 年代社会心理学的原理和概念,其中最知名的是 Granovetter(1973)提出的关于弱关系的力量。这些学者的研究结果与一般的社会学研究背道而驰。社会学研究认为,信息在群体内比群体间传播更快。Granovetter(1973)在关于弱连接力量的经典文章里提出并且证明了弱连接作为信息源的桥梁,并不一定包括在个人的强关系网络里。他的观点认为,行动者的强关系使得行动者之间相互了解,但偶尔相识的人或者弱关系在内部圈子里是没有的。因此,偶然相识的人比亲密的朋友更可能提供独特的信息,不仅因为大部分人拥有的弱关系比强关系更多,更是因为强关系使得获得的信息都是类似的。换句话说,在既定的群体内,信息是相对过剩的。Burt(1992)认为,一个分散的网络能为占据关键位置的人提供更多的社会资本。因为分散的网络没有太多过剩的关系,占据关键位置的人就有机会提供群体间的信息流动,从而成为一个中心和持久的利益来源。

组织间存在"结构洞"为中介信息流提供了机会。这种边界的跨越产生了好处,因为连接互不相连群体的参与者比那些仅限于单一群体的参与者能获得更广泛的想法和机会。由于群体间的信息流在范围和内容上是异质,同时对群体成功也十分重要,一个以结构空洞为特征的关系网可以成为跨越和利用这些洞的公司的社会资本来源。由于"结构洞"存在于低密度的网络中,桥联结观点意味着在稀疏连接的网络中,跨越结构空洞的公司将享有与其位置相关的更高的社会资本。

图 2-3 是"结构洞"的示例。在群体 X、Y、Z 中,行为人 A 和其他行为

人有联系。这些群体不直接跟彼此相联,除非通过 A,那么这些群体间存在"结构洞"。A 占据了"结构洞",因此他能控制信息流在群体之间的流动。在"结构洞"中 A 的网络很丰富。某种程度上,A 能从这个位置长期得利,那么就能理解为他从这个位置获得了社会资本。

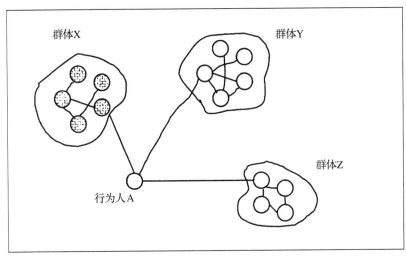

图 2-3 "结构洞"示意图

(2) 社会资本的结点联结

与把社会资本作为行为人的外部联结资源相反,结点联结理论聚集于群体行为者的内部特征。在这个理论中,群体的社会资本不在于群体的外部联结,而是在它的内部结构里,即在一个群体之内的个人之间、小群体之间,这使得群体具有一致性,并且有利于群体目标的达成。

Coleman(1988)提出,社会资本不是单一存在的实体,而是包括了各种各样的实体,每个实体都涉及社会结构的某些方面,每个实体都促进社会结构内某些成员的行为。Coleman 相信,所有的社会关系和社会结构都能形成某种社会资本,但社会结构的某些方面在形成社会资本上会特别重要。他说,一个稠密的社会结构,即行为者之间大多互相联系,能为网络成员提供两种利益。第一,它增加了信息获取的机会。由于信息在传递中会丢失,因此随着信息的传递,信息质量会下降。第二,它有利于成员间行为标准的一致,减少成员间的信任风险。Coleman 举了几个例子,如循环信贷协会,其成员之间如果没有高度的互信,这些机构就不可能存在。

Granovetter(1985)的嵌入理论支持了这一想法,他强调固定个人关系,以及这些关系的结构在产生信任和劝阻渎职上所起到的作用。他表明,在行为之前,人们是如何寻求声誉信息的。从这个意义上来说,比声明某人是可靠的要好得多的是来自可信的信息提供者的信息,信息提供者表明他已经与该人共事过并发现其是可靠的。但是,更好的是自己过去与此人共事过,有自己的判断。这不仅仅是因为它是便宜的,最好的是相信自己的信息,而是因为持续关系的个人有经济动机值得信赖。与纯粹的经济动机不同的是,持续的经济关系往往会与社会内容叠加在一起,这些社会内容对信任有强烈的预期并排斥机会主义。因此,群体内部稠密的网络通过发展出强大的群体规范和群体信任,从而增加群体稳定性。

2.1.3 资源基础理论

(一)资源基础理论的由来

回溯资源基础理论萌芽之初,它最早受到竞争力理论的影响,并认为领导者因素对企业绩效带来了主要影响。随后,Ricardo(1817)在租金理论里表示,一些没有供给弹性的资源被企业掌握后,可以为其带来经济租金,如果企业要想获得超出平均水平的经济绩效,就务必拥有非一般的生产要素和员工。无独有偶,Chamberlin(1933)和 Robinson(1933)也认为,企业要想获得超额利润,其独特资源和能力是至关重要的因素。在资源基础观研究的开山之作《企业成长理论》中,Penrose(1959)把企业比作是一个管理组织,同时也是包括人力、物质资源在内的生产资源的集合,企业内部的异质性资源(如生产性资源、人力资源以及管理方式、战略决策等)是企业成长的动力。他对企业的定义为资源捆绑,并将企业成长概念化为基于动态资源的排序(Brush et al,2001;Pettus,2001;Garnsey,1998,2002)。

首次明确提出"资源基础观"是在"Aresource-based view of the firm"一文之中。该研究由 Wernerfelt(1984)发表于《战略管理学期刊》中,他提出企业是一组资源的集合,它是资源基础观理论正式形成的标志。1986 年后,Barney 陆续发表多篇与资源基础观相关的文章,形成了这一理论的整体框架。《管理学报》在 1991 年推出了资源基础观特刊,标志着该理论就此进入快速发展阶段。

企业之间为何会有差异?这是资源基础观的研究重心。资源基础观认为,企业间竞争力的不同是由企业的异质性资源造成的,并构建了"资源-战略-绩效"的理论框架。其内容主要分为三部分:(1) 企业的异质化资源促成了企业的竞争优势;(2) 建立在模糊性、历史性和复杂性基础之上的资源独特性,是企业竞争的优势性和持续性的来源;(3) 通过拓展关系、组织学习、知识管理等途径,可以获得特殊资源。理论框架图如图2-4所示。

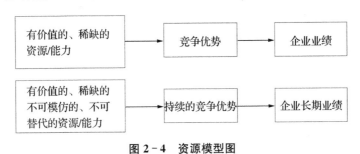

图2-4 资源模型图

资料来源:Barney(1991)

(二) 资源的定义

Barney等(2001)提出的广受认可的资源定义是:公司资源是企业属性、资产、能力、组织过程、知识、信息等,由公司控制并让公司能够用来计划和实施战略以提高效率和效果。公司的资源包括从专利和品牌名称到创新型人才和协调能力等一切事物(Black et al,1994)。这些资源包括管理技能、组织惯例、组织过程、知识和信息(Barney et al,2001)。管理学者已经确定公司用来计划和实施其战略的六大类资源,分别是财务资源、物质资源、人力资源、组织资本(Barney et al,2001)、技术能力(Lichtenstein et al,2001)和社会资本资源(Brush et al,2001;Ireland et al,2003;Ireland et al,2005)。

Wernerfelt(1984)把企业资源定义成可以给企业带来优势的任何东西,也就是在特定时间里,半永久性附属于企业一切有形和无形的资产,包括机器设备、品牌名称、技术知识、员工技能、商务合同、操作流程、流动资金等等。随后有学者认为,企业资源包含了一切可以帮助企业实现企业绩效的资产、能力、组织架构、流程和知识等资源(Barney,1991)。中国学者朱秀梅和李明芳(2011)将企业资源分为资产型资源(人力、物料、资金等有形资源)和知识型资源(市场、管理、技术等无形资源)。

现代资源基础理论研究聚焦于那些由珍贵、稀缺、无法模仿和属于组织的资源所赋予的竞争优势(Barney et al,2001)。现代的资源研究很大程度上归功于 Penrose(1959)开创性的工作,她专注于公司的成长,并将资源作为企业成长概念的基本单位。Penrose(1959)将公司定义为一组资源,是一系列提供企业凝聚力的行政结构下的人力资源和非人力资源。她认为,企业的成长是其拥有和部署的独特资源的一个功能。未使用的生产性资源为企业增长创造了独特的机会,并伴随着不断变化的管理知识(Penrose,1959;Wernerfelt,1984;Wiklund et al,2003;Mishina et al,2004)。配置和重新配置资源的类型和组合是典型的增长过程(Penrose,1959)。

在资源基础观研究领域中,学者们大多围绕"资源""能力"和"动态能力"三个核心概念展开研究。Barney 等学者探讨"资源",指出能力隶属于资源;Prahalad 等学者将能力定义为企业进行资源整合的才干。随后,Teece 等人提出了"动态能力",即随着外界环境的变化,组织需要进行能力的动态变更。

首当其冲的核心概念是"资源"。资源的定义纷繁多样,不同学者都有自己的看法。Wernerfelt(1984)认为,资源能够给企业带来优势或劣势,与产品共同组成了"硬币的双面";在 Barney(1991)看来,可以用来增加企业绩效的一切人力资源、物质资源和组织资源都是资源;在 Grant(1991)看来,所有生产过程中生产要素如设备机械、品牌专利、知识产权等都是资源;还有学者(Amit et al,1993)认为,企业占有的全部要素总和,包括管理体系、激励制度等都划入资源的范围。

另一个核心概念是"能力",主要观点包括:Nelson 和 Winter(1982)认为,企业的能力又可称为惯例,是其在漫长发展中所逐步形成的处事风格与方式;在 Amit 和 Schoemaker(1993)看来,能力随着资源间的互动而建立起来,是一种可以促使企业提高资源使用率的中间产品;Grant(1991)将能力看作是企业整合一切资源达成特定目标的进程和方法。

资源和能力两者之间既存在着区别,也存在着联系。从联系的角度来看,能力是企业专属的特殊资源,凝结在企业运营的过程之中,能力的目的就是提高企业内资源的利用率。从区别上看,资源未必都能转化成能力,普及性的资源也未必是企业所专属的。

第三个核心概念被称为动态能力。它起源于动态惯例,主要是指组织的一种稳定、有序的隐性知识,是组织能够在某特定情况下,为达目标而进行的一系列有效协调和行动的能力(Nelson et al,1982)。还有人认为,企业的核心竞争力在于洞悉并处理问题,而开发这种核心竞争力的途径就是学习(Lei et al,1996)。Teece等(1997)提出了动态能力这一说法,将其定义为组织依据环境的变化,从而调整组织内外部资源的能力。Eisenhardt和Martin(2000)认为,动态能力相当于企业的战略性惯例,在市场形成、变化或消失时,组织可以通过这种惯例实现新的资源组合。

表2-1　典型资源分类

资源分类	代表学者
管理技能、组织惯例 组织过程、知识和信息	Barney et al(2001)
财务、物质、人力、组织资本 技术能力、社会资源	Barney et al(2001)
人力与非人力	Penrose(1959)

(三) 资源的特性

每个企业的资源都有着先天禀赋、发展机遇以及战略规划等方面的不同,因而导致企业间的资源存在异质化(Barney,1986);这些资源对于竞争对手来说是极难获取的(Conner et al,1991);在特定的经营环境下,企业管理层具有主观能动性(Amit et al,1993);在企业发展的不同时期,其资源也面临着"转变-筛选-保留"的演变过程(Nelson et al,1982;Lounsbury et al,2001)——当大多数公司都拥有某个特定资源,原先独占该资源的企业就无法继续维持原有的市场竞争优势了,普及化的资源只能使企业生存下来,但不能帮助企业发展得很好。

Barney(1991)总结得出,具有竞争优势的资源应该具备以下几点特性(简称VRIO特性):(1) 价值性,它必须具有价值,会提升企业的效率和效果,帮助企业把握机遇或降低成本;(2) 低流动性,即具有竞争优势的资源难以流动,这一点也得到了Wernerfelt(1984)和Rumelt(1997)的理论支持,认为资源存在流动壁垒,各个企业都会采取措施保护重要资源;(3) 不易模仿性,这类资源的特征通常有三点:历史条件独特、因果模糊性,以及社会复杂性;(4) 无法替代性,这种资源找不到复制品和替代品;(5) 组织性,这些资源可以被企业用以提高生产绩效。

(四) 资源对公司的影响

根据 Penrose(1959) 的观点，研究人员发现公司层面的人力、财力、物力、组织和社会资源都对公司的影响很大(Greene et al,1997;Bamford et al,2000;Bruton et al,2002;Watson et al,2003;Wiklund et al,2003;Mishina et al,2004)。由于所需的资源独特且资源不足限制了公司的成长，甚至威胁到公司的生存(Thornhill et al,2003)。创始团队或高管团队(TMT)是创业公司人力资源的一个组成部分。各种创始团队特征(Eisenhardt et al,1990)和 TMT 属性有助于企业成长，如行业和公司特定经验(Siegel et al,1993;Kor,2003;Park et al,2004)。TMT 的完整性(Bamford et al,2004)、凝聚力和整合(Ensley et al,2002;Reuber et al,2002)对企业成长至关重要。因此，各种人力资源管理实践都强调提高技能，允许员工参与决策、提供激励、发展人际过程以及将人员与组织文化相匹配(Snell et al,1995;Heneman et al,2000;Batt,2002;Collins et al,2003;Watson et al,2003)。

研究人员开始从传统的李嘉图(Ricardo,1817)的观点转向更加动态的视角，研究相互关系在增长过程中的各种资源包(Stuart et al,1999;Florin et al,2003)。新的研究流也出现了，并且与生命周期和阶段增长模型密切相关。该研究流包括基于资源的观点，侧重于基于资源的测序模型(Brush et al,2001;Lichtenstein et al,2001;Pettus,2001)。Brush 等(2001)用资源发展途径和资源层次模型解释了创业企业的发展。资源开发途径的基本过程是:(1) 确定关键的资源需求和来源;(2) 汇集(创始人)资源;(3) 吸引(通过社会资本)并合并资源。Brush 和同事争辩说，企业家(或企业家团队)必须将个人资源转移给企业，并将这些个人资源转化为组织资源，以创造企业级别的独特优势。一个企业不能从依靠创始人的个人资源发展到组织发展资源，其增长将是有限的(Brush et al,2001)。

同样基于资源推理，Garnsey(1998,2002)模型是其中最全面的框架之一，她将企业家成长看作是获取资源、调动资源和创造资源的连续过程。Garnsey(2002)的增长路径模型是建立在这个连续的过程视角之上的，分为稳定增长、早期失败、振荡稳定和增长逆转等阶段。从这个意义上说，这个模型不太确定，因为在生命周期的任何时候，企业可以处于进一步增长、高原或增长逆转的阶段。根据 Penrose(1959) 的原始论据,增长路径模型(Garnsey,2002)为资源基础的发展过程提供了理论解释。

(五) 社会资本与资源理论

从理论上讲,社会资本能让新企业创始人获得其他人不具备的竞争优势。具体来说,企业家之间的差异表现是信息不对称(Venkatraman,1986)。某些企业家掌握其他人不具备的机会去了解和利用知识,这种信息不对称是一些企业家比其他企业家更成功的原因之一。此外,还有理论认为,具有较高社会资本水平的新企业创始人将拥有更多的社会关系,他们比拥有较少社会资本的创始人有更多的机会收集相关市场机会的知识(Davidsson et al,2003)。因此,具有较高社会资本水平的新企业创业者将更有可能拥有更多的知识。此外,知识资源观认为,知识是解决企业间差异绩效的关键资源,因此拥有其他人不具备的知识可能会导致竞争优势(Grant,1991)。最后,高水平的社会资本还能帮助创始人获得创业过程中所需的其他关键资源(Florin et al,2003;Lechner et al,2006)。例如,有两位创始人都试图在特定的社区开设餐馆,并且都需要融资。创始人"X"有一个社区网络联系人,他在一个社区信用合作社工作,该社区信贷联盟倾向于重点放贷款给当地社区的创业企业。当信用合作社准备提供融资给新创业创始人时,这种联系还为创始人"X"提供信用合作社会在寻找什么样的企业的具体信息。因此,通过其社会资本,创始人"X"可能比创始人"Y"更早获得融资,因此更具有优势。高水平的社会资本可能会增加新企业创业者获取知识和其他必要资源的能力(Davidsson et al,2003;Lechner et al,2006),因此,具有高度社会资本的新创业创始人将更有可能拥有更多资源(如市场知识),从而比拥有较少社会资本的创始人更具有竞争优势。

经验证据为上述观点提供了新的支持,证据表明具有高水平的社会资本能够更好地收集有关的关键知识市场机会并获得利用这些机会所必需的资源(Aldrich et al,1999;Davidsson et al,2003;Ozgen et al,2007)。例如,对信息技术行业内新创业者的研究表明,从社会资本中收集更多信息的创始人更有可能认识到市场机会(Ozgen et al,2007)。此外,实证研究表明,拥有更多社会资本的创始人能够更好地获得利用机会所需的关键资源(Aldrich et al,1999;Aldrich et al,1986)。最后,具有高社会资本水平的创始人所拥有的新企业往往比那些拥有较少社会资本的创始人所拥有的新企业获得更好的企业绩效(Bruderl et al,1998;Davidsson et al,2003;Hansen,1995)。考虑到上述讨论,从理论上讲,拥有较高社会资本水平的新创业创业者将比拥有较少社会资本的创业者获得更多的新创业成功。

(六) 创业者与财务资源获取

有不少研究分析了创业企业内创始人之间在财务资源获取上的差异。差异的来源可以分为以下三类:培训和经验因素、基于谱系的解释、社会联系。第一类研究发现,创业者通过教育经历和管理经验来获得财务资源。基于传统的人力资源的研究发现,教育程度与创业企业中获得的财务资源的充足程度相关(Becker,1964;Robinson et al,1994)。这种教育和工作经验也与风险增长(Colombo et al,2005)以及机会成本相联系,这反过来又形成了留在企业中的创业门槛(Gimeno et al,1997)。在更微观的契约层面,Kaplan和Stromberg(2004)通过对风险投资的备忘录(风险投资家对创业投资机会的优势和风险的评估摘要)进行研究并发现,创业团队的经验对投资决策有重要指导作用。他们的样本中有60%提到初创团队管理经验是投资的一个原因。这些投资备忘录有关正在考虑的投资的报价中指出:"对于那些来自于有风险投资支持的公司的有经验的管理者和在企业家/创始人共同组建的公司,更容易受到风险投资的追捧,并随后上市。"另一方面,Kaplan和Stromberg(2004)也报告了一些被风险投资记录的风险和不确定性:创始人/首席开发官的运营经验有限;年轻和缺乏执行经验的管理团队;在管理不力的情况下,公司如果增加新员工以及获得风险投资将可能得到更好的管理。因此,这些研究强调了教育和经验的变化(反映了先前的个人投资)在获得财务资源方面的重要性。

第二类研究涉及企业家谱系(通常是从分拆的角度来看一个企业母公司)进行资源收购。由于对创业的商业模式、风险回报以及个人能力有信心,员工决定离开母公司(Helfat et al,2002)。以这种方式分拆出来的创业者可能会继承组织惯例和其他"遗传"因素,但他们从母公司那里继承的质量不同(Klepper,2002),这可能与创始人的不同资源有关。Gompers等(2001)通过实证研究验证了一个模型,那些从母公司分拆出来的创业者,在分拆出来前,他们更愿意接受培训,等待合适的资源和机会,然后伺机出击。

此外,有证据表明,通过分拆带来的资源转移对企业绩效有影响。Agarwal(2004)发现,在分拆创业后,创业者的能力对新企业的知识产生了积极影响,提高了新企业的生存概率。Phillips(2002)发现,分拆对母公司的影响取决于后代的特征。特别是,对硅谷律师事务所的研究发现,后代的业绩增长与母公司的损失有关。最后,在一项对早期汽车行业演进的研究发现,同样是分拆企业,有来自非汽车行业经验的创业者比有汽车行业经验的创业者表现更好(以较低的行业出口危险率衡量)(Klepper,2002)。这些基于企业家谱系的研究强调基于人力和社会资本的企业收益,而且在大多数情况下,往往将这些收益概念化为组织禀赋而不是作为组织的投资。

第三类研究涉及社会资本在资源获取中的作用。案例研究(Fried et al,1994)表明,由于风险投资会收到很多的商业计划书寻求资助,社会联系对于他们确定资助哪些创业公司显得非常重要。这些发现暗示了一个过程,风险投资人倾向于通过其所投资的公司、朋友、家人的推荐,选择他们了解的创业者并提供资金。Burton(2002)运用更系统的证据表明,具有先前职业经验的企业家可能会从信息和地位中获得优势,在创建外部融资和创新企业方面都会产生很大的影响。Shane等(2002)发现,具有社会资本的创业者(与风险资本家预先存在的直接或间接联系)在企业早期阶段获得风险投资的可能性较高。虽然文献往往强调另外两类财务资源获得的渠道——培训和族谱经验,但对工作中的社会网络机制是如何影响资源获取的研究相对较少。以往关于资源获取的研究并没有具体去了解有经验的创始人如何发展与风险投资公司之间的直接或间接的关系。虽然 Wright 等(2003)和 Shane 等(2002)提到,有一种方式是通过创始人对风险投资进行技术尽职调查。这些作者认为,社会资本的外生组织禀赋肯定来自某个地方,一种可能的方式是参与过创业团体。社交互动受到地理上限制是典型的创业投资特征(Sorenson et al,2001),所以创业者把基于社会团队的创业俱乐部、事件和媒体作为传达信息的主要手段。创业者,特别是那些处于创业初期的创业者,因为他们的资源通常是有限的,所以他们通常以机会驱动的方式行事。这意味着这些人会积极参与社会团队,挖掘资源提供者网络并交流想法。而且,创业者通常是那些在团队中持续创业想法最长的人。

2.2 创业团队与企业绩效的研究综述

2.2.1 创业团队

关于"创业团队"这个词的含义存在争议。有学者认为创业团队即企业高管团队,但有学者不同意这一观点。据Kamm等(1990)的定义,创业团队是指两个或两个以上的人共同建立一个有经济利益的公司。Gartner等人(1994)扩大了这一定义,他们把对企业战略选择有直接影响的个人都包含进创业团队。Ensley等(1998)将这两种定义结合,提出创业团队的三个标准:(1)他们共同建立一个公司;(2)他们有经济利益关系;(3)他们直接影响公司战略的选择。根据这一结合,创业团队与高层管理团队(TMT)有所不同。TMT由拥有高管职位的人组成,他们可以是那些不参与创建公司的人,而是后来加入的管理层。当创业团队成员也在高管职位时,会和TMT成员存在重叠,但这两类团队在概念上是截然不同的(Wright et al,2009)。

有学者将企业分为四个成长阶段:孕育发展期、商业化期、增长期和稳固期,新创企业包括前三个阶段(Kazanjian,1988);Adizes(1997)把企业看作是一个生命体,经历着出生、成长、衰弱以及死亡的整个生命周期。具体分为胚胎期、婴儿期、幼儿期、少年期、盛年期、稳定期、显贵期、后显贵期、官僚期和死亡期十个时期,而创业企业通常处于胚胎期、婴儿期、幼儿期和少年期。

尽管学术界近些年来对创业团队的研究进展喜人,但对创业团队的概念界定始终没有达成共识。最受广泛支持的创业团队定义是将企业中具有重大财务利益捆绑关系并积极投身企业管理与战略发展的成员组合统称为创业团队(Kamm et al,1990)。在这个被普遍认可的概念里,对创业团队中的成员提出了三大要求:(1)必须与企业存在重大利益关联;(2)必须积极投身企业管理活动;(3)必须积极投身企业战略发展。Beckman和Burton(2008)用高管团队来概括创业企业的早期团队。Tihula等(2009)强调了创业风险需要由创业企业中的所有者和经营者共同承担。还有学者认为,创业团队是由两个以上具有共同目标的成员组成的一个团队,他们致力于企业的成长,为了共同的目标而团结合作,并在企业成长早期对其承担行政责任(Schjoedt,2009)。我国学者将创业团队解释为共同创办企业,是一个具有共同愿景、拥有一定股权、参与行政管理、参与战略决策的两个或两个以上的成员组建而成的特别团队。在团队中,他们共享资源、分工合作、共担风险并共享创业收益(朱仁宏等,2012)。在 Klotz 等(2014)看来,负责新创企业的日常运营和战略决策的一组个体即为创新团队,其特征主要有四点:(1)包括两个或两个以上成员,是新创企业的所有者和经营者;(2)负责新创企业的战略决策;(3)肩负新创企业的行政管理责任,并投身其日常管理之中;(4)共担风险也共享利益。

当前,对于企业的高管团队已经有大量的文献研究,但是对于创业团队乃至创立团队的研究还是有限的(Brinckmann et al,2011)。由于人们经常混淆创业团队和高管团队的概念,因此要对二者的概念加以明确地区别。从词汇上看,创业团队用英文表达为"Entrepreneurial team",主要适用于创业企业情境;而高管团队用英文表达为"Top management team",主要适用于成熟企业情境。

有学者将创业团队和高管团队二者间的区别总结如下:(1)创业团队中成员间通常合作时间不长,在团队内的分工不是很明确;高管团队中成员之间有着长期合作,分工也比较明确,企业已经处于稳定发展期。(2)创业团队可以自行决定是否增减成员,以及成员之间如何分工;而高管团队一般是由董事会指派,没有自主决定权。(3)新创企业的经营权和所有权都由创业团队共有;而处于稳定发展期的大企业里,不可能让高管团队掌握公司的大量权益。(4)新创企业中的创业团队很少面临公司实际控制人与董事会的压力;随着公司发展,越来越多成员加入其中,创业团队将逐渐转变为高管团队(Ucbasaran et al,2003;Brinckmann et al,2011)。

2.2.2 创业企业绩效

(一) 绩效评价的层级

绩效被广泛作为创业研究中的因变量,但不同研究对绩效的衡量也有所不同。起初,研究人员使用公司级绩效指标和团队级绩效指标来衡量。

公司级的衡量指标包括关键事件(如获得风险投资和 IPO)、组织生存、增长、盈利能力和产品创新。Beckman 等(2007)并没有直接衡量财务业绩,而是选择了获得风险投资和上市(IPO)作为风险投资业绩衡量的标准,因为它们代表了年轻人创业生涯中最重要的里程碑。Aspelund 等(2005)把组织死亡或企业生存定为创业文献中的因变量。增长经常被认为是新创企业最重要的目标(Brush et al,1992),增长可以是销售增长(Chandler et al,2001;Ensley et al,1998)、收入增长(Ensley et al,2005;Hmieleski et al,2007)和就业增长(Hmieleski et al,2007;Ensley et al,1998)。另一个公司级的业绩衡量标准是财务或会计衡量标准,以现金流(Ensley et al,2005)、收入(Ensley et al,1998)或 24 个月持有期回报(HPRs)(Kroll et al,2007)作为因变量。一些研究也使用生产力和产品创新作为业绩衡量标准(Henneke et al,2007;Davis et al,2009)。

  团队级绩效评估包括团队有效性、团队生产力和团队稳定性。团队成员如何评估自己的团队对创业团队来说很重要。如果团队成员对自己的团队进行负面评估,那么团队可能会面临解散的风险(Foo et al,2006)。因此在一些研究中,自评团队效能(Chowdhury,2005;Foo et al,2006;Kozlowski et al,2006)和团队生产力(Davis et al,2009)被用作团队绩效的测量。另一种团队绩效衡量标准是团队稳定性,通常以团队成员的进入和退出来衡量(Knockaert et al,2011;Hellerstedt,2009)。Ucbasaran 等(2003)认为,创业成员进入或退出与创业团队内的人力资本总量相关。

  学术界面临的一大难题就是:怎么区分创业绩效的结构维度。不界定好这个问题,就无法选择合适的绩效评价指标来衡量创业的产出。例如,在评估新创企业是否成功时,学者就为以下问题所困(Snell et al,1995):难以获取可靠数据;数据缺乏可比性(Pelled et al,1999);有关绩效的信息与指导原则在创业领域中比较鲜见(Huselid,1995)。对本研究来说,对创业绩效的界定就以选取何种指标来衡量创业绩效为切入点来展开。Murphy 等人分析在 1987—1993 年间创业研究领域中因变量为创业绩效的 71 篇实证文献后发现,没有一篇文献采用了五维到八维的绩效维度结构,其中 31 篇仅用到了一维到二维的绩效维度分析。他们认为,创业里的很多现象无法用单一的绩效指标去解释,需要多维绩效测量才能在一定程度上说明。

  显然,创业团队绩效是一个多维度的概念。采用单一的绩效衡量方法无法捕捉到创业团队的整体面貌。关于创业研究的绩效衡量,存在三个问题。首先,使用公司级绩效衡量标准的研究通常采用一个跨层次的设计,在这种设计中，个人或团队的水平特征被用来解释企业层面的绩效（Davidsson，2008）；但团队级的变量应该更强地与团队级的业绩联系在一起，因为公司级的业绩受多种因素的影响，其中许多因素不受个人或团队特征的影响，比如利率或法规。其次，虽然一些研究人员更倾向于采取客观的措施，如财务和会计衡量指标，但当研究的重点是创业团队的运作情况时，主观措施可能更合适，因为采用客观绩效衡量方法的研究始终围绕寻求盈利的个人模式而建立（Feeser et al，1990；Gruenfeld et al，1996）。然而，在许多创业研究中，利润的驱动往往是次要问题（Bena et al，2010）。对于企业家来说，更典型的动机是他们不喜欢为别人工作（Shane，2009）。因此，主观的措施（如企业家的感知表现）和客观的措施一样重要。最后，独立变量的影响可能因不同的绩效指标而有所不同。例如，创业团队成员之间的个性或价值差异可能与团队水平表现的关系更强，而不是公司级别的绩效。因此，团队的有效性更适合作为绩效衡量。

(二) 财务指标和非财务指标

Venkatraman 和 Ramanujam(1986)认为，企业绩效可以用财务和运营（非财务）指标来衡量。其中，财务指标包括盈利能力、销售增长率、投资回报率、销售回报率和股本回报率等；运营（非财务）指标包括质量、市场份额、满意度、新产品开发和市场有效性等。

西方研究者和企业管理者一直非常重视财务指标，并将它作为重要的组织绩效评价指标，它通常分为会计和市场两种财务指标（Becker et al，1987）。它们之间的区别是：由于会计方法、非现金交易和折旧等因素，会计财务指标会失去一定的真实度，但市场财务指标却能够突破这些因素的限制，把企业的当前效益和未来潜力真实展现出来（Pelled et al，1999）。学者普遍认为，市场财务指标更适合去充当组织绩效评价指标（Lubatkin et al，2006）。

在 Robinson 等(1994)看来，测量新创企业的绩效可以用净利润、销售收入、销售增长率、息前税前收益、资产收益率、销售利润率、股票收益率、投资回报率 8 个指标来衡量。在创业研究中，使用最普遍的指标就是销售增长率（Feeser et al，1990；Ensley et al，2002），此外，收益状况在相关实证研究中也很重要(Peters et al,1982)。

仅仅依靠财务指标,难以确切评估出企业的无形资产以及这部分资产所带来的价值(Huselid,1995;Kaplan et al,2001),也不能看出一家企业总体的绩效水平和未来的发展潜力(Quinn et al,1983;Chakravarthy,1986)。企业的成功不仅是通过财务上的数据来体现,也包括了很多非财务上的体现方式。通过财务指标只能获知企业过去特定时间段的经营状况,却不能表现出企业未来的发展潜力。企业运营的过程中,绩效需要通过非财务绩效来体现,企业的发展潜力受到诸多非财务因素影响,因此绩效评价中也应纳入非财务指标。非财务指标通常与企业的运营绩效有关,其中包括:顾客满意度、产品质量、市场份额、顾客增加量、雇员数量等,这些指标最终会给财务绩效带来更广泛的影响。

特别是对新创企业来说,不便于采用财务指标。如利润等常用指标,新创公司可能无利润或负利润,因此无法使用该指标;而且,新创企业也很难提供出相对靠谱的财务数据(Sapienza et al,1988)。

绩效指标中的另一个分类包括客观指标和主观指标。客观绩效评估指的是量化指标,即通常是从企业中获得的财务指标。主观指标则是通过受访者的主观评估进行,其中涵盖财务指标和非财务指标(Gonzalez-Benito,2005)。

虽然使用客观的财务指标看上去是评价企业绩效最简单的办法,但在实证研究中,很难获得企业的这些机密数据。Covin和Slevin(1989)认为,在某些情况下,小企业不会对外公开客观的财务数据,也不会提供研究者所需的信息,因此财务绩效的数据缺乏准确性。同时,财务绩效指标还会受到具体行业的影响。这导致李义超(2001)和Zahra(2002)等学者对新创企业进行绩效测量时,采取企业家主观评分的研究方法来获得所需信息。突破客观数据局限性最常见的办法,就是设计一些问卷来搜集主观指标数据。如Chakravarthy(1986)发放问卷给公司高管,让其评价公司声誉;有人在采集顾客满意度这一非财务信息时,是通过企业主管的主观看法来进行评估的(Delaney et al,1996);还有学者让管理者利用10点量表,对市场份额、营销能力、销售收入等进行评分(Brouthers et al,2004)。

当然,用主观指标测量企业绩效必然存在一定的信度和效度问题。不过值得庆幸的是,很多学者在实证研究中发现,主观指标在某些时刻非常可靠,比如针对利润增长率、销售增长率等数据的评估,主观指标与客观指标得到的结果高度相关(Snell,1992;Rosa et al,2003)。Wall 等(2004)进一步研究了主观指标的效度问题,他们分别用主观指标和客观指标评估了英国制造业和服务业中三个独立样本的企业绩效。结果表明,使用主观指标同样会有不错的结构效度、鉴别效度和聚合效度。从而得出结论,当无法获得企业某些客观绩效数据时,可以将客观绩效数据替换成高效度的主观绩效数据。

对于新创企业而言,销售额、收入和利润等客观绩效指标可能互不相关,因为新创企业不太可能有大量销售额,而主要关注的是建立新创企业的团队成员身份和承诺(Carter et al,1996)。因此,许多研究采用了企业团队绩效的主观测量。例如,Chowdhury(2005)使用团队成员的评级,对任务、工作质量、工作量、主动性、人际交往能力和整体表现做了了解;Foo 等(2006)使用团队有效性的成员评分;Ensley and Hmieleski(2005)将团队有效性定义为实现团队目标的集体效能程度。

(三) 生存绩效、成长绩效与创新绩效

在评估创业绩效时,Chrisman 等(1998)认为,要关注企业的生存绩效和成长绩效。与一般的组织绩效不同,新创企业首要任务就是生存下来,并在成长过程中提升自身各个方面的能力,不断适应激烈的市场竞争以便最终站稳脚跟。目前,生存绩效有如下测量思路:(1) 企业某时某刻只要没有被清算破产,就算"生存"(Shane et al,1996);(2) 纵向追踪创业企业生存年限,并由此得出其生存绩效(Bates,1998);(3) 评估企业现有生存年限,以及未来继续经营八年的可能性(Brouthers et al,2004;Antoncic et al,2008)。由于前两种测量数据在实证研究中不那么容易获得,因此现在不少研究者便倾向采取第三种思路来评估新创企业的生存绩效。

成长绩效是创业研究中的另一个常用指标。Tsai(1991),Brush 和 Vanderwerf(1992)及 Chandler 和 Hanks(1993)都认为,成长性是评估创业绩效的一个主要指标。从操作性看,成长绩效包括:获利潜能增长和财务指标增长。前者包含员工人数、市场份额等的增长;后者包含资产额、销售额、净利润的增长等。部分新创企业在创立初期会是非营利状态,然而却有着非常大的发展潜力,如果只用财务指标来评估则无法反映真实状况,所以需用员工人数、市场份额等非财务指标来评估企业未来的发展潜能(Wiklund et al,2003)。

随着研究推进,有学者认为企业成长不仅要看量,也要看质(张玉利等,2003),例如创新能力、营销能力、企业信誉等(Brush et al,2000)。创业的核心特征就是企业的创新能力,因此创新能力也被划入创业绩效评价指标。在实证研究中,Carland 等人认为,创新型企业判断标准就在于这个企业是否比同行拥有更新的市场和更新的产品。特别是对规模较小的技术型新创企业而言,相较于生存绩效,创新绩效更能反映他们的未来发展潜力,而创新能力将成为他们获得持续竞争优势的关键因素(Blundell et al,1999;Urban et al,1993)。

在诸多创新绩效研究中,对其指标的构建争议较大。1993 年,两个创新绩效指标通过经合组织 OSLO 手册的传播而深具影响力,分别是:(1)总销售收入和不同产品生命周期阶段中新产品销售收入的占比;(2)创新产品的总数,相当于市场上出现的新产品或新服务的总体数量。在 OSLO 手册看来,评估新创企业的创新绩效时,最好采用创新产品数量所占企业产品总量中的比率来评估,单纯只使用创新产品总数评估并没有实质意义(官建成,2004)。

2.2.3 创业团队对企业绩效的影响

与个人创业相比,团队创业更容易成功(Lechler,2001;Cooper et al,1992;Timmons,1990)。现有研究结果可以确认,创业团队能够正向影响企业的盈利能力、成长能力和生存能力。但是,暂时还没有研究使用社会资本相关的理论来对它进行更深刻的调查,因而尚不清楚它们背后的因果关系。有研究者基于创业者个体的特性、知识、技能,开展了整合与互补性的研究(Roure et al,1986)。

创业团队对企业绩效到底有什么影响?由于对创业团队、企业绩效没有达成统一的定义和理解,学术界有不一样的结论。根据社会分类理论(Tajfel,1982),团队成员被认为希望通过与其他人在年龄、种族、地位和其他属性方面进行社会比较来保持高度的自尊。这个过程允许个人承担积极的自我认同,从而形成最大化群体内或群体间的差异,并认为其他人不那么有吸引力(Kramer,1991)。在异质性团队中,自我分类的影响已被证明会导致满意度下降、营业额增加、凝聚力降低、沟通与合作减少、冲突程度加剧（Crocker et al,1989；Martin et al,1983；Moreland et al,1985；Stephan et al,1985；Triandis et al,1994）。采用社会分类理论的实证研究通常证实了成员多样性对团队过程和结果的负面影响。

另一个用于研究团队多样性的理论框架是相似性/吸引力理论（Berscheid et al,1978；Byrne,1971）。根据这个观点，从价值观到人口统计变量的相似性属性增加了人际关系和喜好这两个变量（Byrne et al,1966），即个人会避免与他们不喜欢的人交流（Rosenbaum,1986）。因此，根据这些研究，异质性群体效率不高，因为群体成员之间的不相似性通常导致群体过程表现损失，包括积极态度较少、沟通较少以及更高的周转可能性（Jehn et al,1997）。

第三个理论框架探讨了信息和决策如何受团队构成的影响（Gruenfeld et al,1996；Bunderson et al,2002）。根据这个观点，不同团队的成员可能带来更多的信息和不同的观点。当任务可以从多个角度受益时，这些附加信息可以提高团队绩效，产生诸如创新或复杂问题解决等益处（Williams et al,1998）。而且，多样性也提高了对于解决问题和决策制定时至关重要的认知能力的广度。因此，这一研究重点集中在团队信息多样性的效用以及人口多样性和人格多样性。采用这种观点的实证研究也有助于我们更好地理解团队中不同类型多样性之间的关系。人口多样性仅仅将不同背景的人聚集在一起，但并不能确保相关的团队级认知多样性（Chowdhury,2005）。任何不同的观点都有可能来自人口统计特征以外的因素，如信息多样性或人格多样性。其次，具有相似人口背景的人们的思维方式也可能不同（Abraham,1997）。因此，缺乏人口多样性的团队可能仍然能够获得多种范围的认知属性。而高阶理论（Hambrick et al,1984）讨论了高层管理团队（TMT）多样性对各种组织结果的影响。该理论主要侧重于 TMT 多样性对可观察特征（人口统计和信息）的影响，并表明 TMT 多样性有利于动荡环境而不是稳定环境中的表现。尽管现在有关 TMT 异质性的研究有很多，但实证研究却产生了不一致的结果（Cannella et al,2008）。对于本书，由于创业和高层管理团队之间的概念有所不同，导致 TMT 研究对创业研究的效用有限（Wright et al,2009）。

为了调和关于绩效和团队间多样性的混合研究结果，研究人员开始寻找调节变量。例如，Joshi 和 Roh（2009）研究了情境因素在团队多样性研究中的作用,如行业类型、团队相互依存和团队类型。结果表明,随着团队任务、目标和结果的变化,团队变得更加相互依赖。任务导向多样性的积极绩效效应增强,而在长期团队中,关系导向多样性的负面影响会增强。Bell 等(2011)探讨了多元化的不同概念(即分离、多样性、差异)如何改变人口多样性和团队绩效之间的关系。他们的分析表明,职能背景多样性与一般团队表现以及团队创造力和创新之间存在一个小的积极关系,这种关系对于设计和产品开发团队来说是最强的。教育背景多样化与团队创造力、创新以及高层管理团队的团队绩效相关。不论多样性概念化如何,种族和性别多样性与团队绩效之间的负面关系都很小,而年龄差异与团队绩效无关。

2.3 社会资本与企业绩效的研究述评

创业团队社会资本创造的两种社会结构都能为创业企业增加价值。一个创业团队如果有更多的内部和外部的社会资本会更好。这是因为注重团队内部关系的结点视角和着眼于团队外部关系的桥梁观点不是对立的,而是相辅相成的。在这个问题上,团队内部的网络密度发挥了重要作用,既能意识到埋藏在"结构洞"中的机会的价值(Burt,2000),又能将各种信息和观点转化为更好的市场机会。通过专注结点观点,桥联结的观点可以得到改进。因为可以把关注和思想资源组合转化为他们流网络的行动者。当想法和资源在行动者间流动时,桥联结理论仅仅把网络行动者看作是渠道,固定的把信息传递给他人,它几乎很少关注这些信息、想法和资源如何以及为什么进行变换和组合,为其他行动者和子群体提供新解决方案(Hargadon et al,1997)。

企业家,或更准确地说,企业家在建立团队中所扮演的角色之一(Healy et al,2001)是在试图获取其他人资源的同时,承担起金融、人力、社会或技术方面的极大风险(Sorensen,2002)。这就是其因果关系的本质,它是为了达到目的而采取的一系列具体的手段;实现效果,即设定一个目标并找到实现它的最佳方法;考虑到目前可用的资源组合(王劲峰等,2012),可以达到尽可能最好的目的。因果关系是企业家精神的传统观点,其中商业计划代表企业的路线图,而实现(Sarasvathy,2001)和拼装(Baker,2003)是该领域的新兴理论,它与快速部署、测试、学习和迭代的思路一致,能最有效地利用组织社会资本。这种组织社会资本是决定企业流程、结果和绩效的组织创业研究的重要组成部分(Davidsson et al,2003)。

Burt(1992)表明,行动者如果联结彼此间没有联系的人,那么他能够更好地从与其他人互动中获利。这样的"结构洞"为他们提供了有利的机会充当桥梁,连接网络中不连贯的部分,特别是创业网络中存在着这样的社会资本。Granovetter(1973)的研究得出了关于"桥联结"的重要性的类似结论。Granovetter从联结的强弱视角(与联系人有多接近)与Burt从网络的位置视角(多少人可以达到)得出的结论相似,那就是网络位置能够带来创业优势。这些行动者可以在核心联系人之外进行联结交流,以更少的谈判获得更多有益的交流(Burt,2000)。这种跨界关系能够实现跨行业的信息交换(Inkpen et al,2005)、新员工的接触(Granovetter,1995)、创新的更快速传播(Rogers,2003),甚至是流行文化概念的"专家"和"交界点"(Gladwell et al,2002)。

社会资源理论假定一个组织通过获得优势创建与高级合作伙伴取得联系(Lin,2001),这有助于减少新进入威胁(Elfring et al,2007);它还通过结构和关系嵌入,提供了竞争优势(Granovetter,1992;Florin et al,2003;Davis et al,2009)。此外,组织社会资本可以帮助企业的生存,即通过为网络中的利益相关者提供稳定性(Fischer et al,2004)、提供信息(Davidsson et al,2003)和当企业能够获取连接资源为企业提供网络效应。社会资本甚至被证明会影响社区(Putnam,1993)和国家的经济表现。

2.3.1 桥联结与绩效

低网络密度给了信息流的中间人机会,进而对绩效产生了正向影响。Burt(1992)例证了"结构洞"的业绩启示。他特别解释了创业者的成功机会由所处的网络结构决定。在网络关系中拥有"结构洞"的个人创业者缺少冗余与可替代性,所以他们成功的机会更大。因为他们处在一个能产生高水准信息结构的核心位置,有利于识别并且优化创业机会。不管怎么样,"结构洞"的存在本身并不带来优越的绩效,它只是提供了一个机会,如果利用"结构洞"得到这个位置,那么企业能产生较好的绩效。

概括起来,两种主流的社会资本理论对于网络密度与业绩的关系有着鲜明的不同。网络密度高,内部"结构洞"少,意味着社会资本少。桥联结理论认为,跨越网络外部"结构洞"是社会资本的来源,因此高密度网络应该与业绩呈负相关关系。但是,根据结点理论,网络密度高意味着内部有更多的网络联结,以及更多的内部社会资本。如果网络结点是社会资本的来源,那么高网络密度意味着会有更高的绩效。

2.3.2 结点联结与绩效

网络结点联结以多种方式对绩效产生正向的影响。内部网络密度允许行动者通过转移更有价值的信息来实现密切合作;同时通过促进流畅的信息流动和降低交易成本进行,来提高行动的绩效。因此,网络中行动者间的信任对实现这一切起着关键作用。

信任通常被认为是网络交换的关键因素,因为它提高了资源流动的质量(Hallen,2008;Elfring et al,2007)。信任也影响了交换资源的深度和丰富性,特别是在信息和知识的交换上。例如,Hansen 等(1999)认为强关系促进复杂知识的转移,而弱关系促进简单知识的转移。具体来说,强关系被认为可以使复杂知识的转移变得容易,因为它更可能嵌入在一个互不相联的密集网络中。同样,Uzzi(1997)证明了嵌入式关系中的信息交换,远距离的信息交换更具有专有和默认性。

另外,信任促进了成本效益型治理机制的出现。信任是一种居于个体之间社会关系中的治理结构,而认知是基于启发而不是计算处理的过程。既然它是通过时间创造和再现的,那么它就可以通过假定其他人采取的行动来预测和接受,并塑造了相关各方的期望(Uzzi,1997)。因此,与通过市场或官僚机制进行协调相比,由社会而非法律执行机制支持的合同创造了成本优势(Jarillo,1988)。

团队内部网络结构的密度创造了团队内部的社会资本。网络密度是团队成员之间关系的平均强度。关系的强度一般通过成员间情感的亲密度和交流的频率来表现。当团队内部成员没有关系时,网络密度将达到最小化;当所有团队成员都有强关系联结时,网络密度达到最大化。较高的内部网络密度从几个方面有利于群体:一方面,成员之间的感情培养了团队中的信任和凝聚力;另一方面,团队成员之间的交流频率有利于知识和信息传递,这是至关重要的。

2.3.3 整合桥联结、结点联结对绩效的影响

上述两种理论虽得出了不一样的观点,但这并不意味着它们是相互排斥的。之所以出现不同的观点,是因为他们关注的是社会结构和行动者利益的不同方面。结点理论关注点集中在内部联系、团结和信任上,而桥理论关注点集中在外部关系、信息不对称和权力利益上。

虽然在社会资本的研究中,学者们倾向于采用桥联结或结合的方法二选一,但有一些研究仍然试图调和这些观点。这些研究综合了内外关系两方面的相关分析元(Reagans et al,2001;Burt,2000)。在不同层次的分析中这两者的关系互相转化,外部联系在更高层次的分析中成为内部联系;反之,当内部联系在较低的水平上时将转变为外部联系。例如,两个人之间联系对于个人而言是外部的,但是,如果这些人属于同一个工作团队,那么这种联系又是团队内部的。这种认识的提高是非常重要的,因为它认识到组织社会关系的层次是行动者在不断相互作用中形成的,同时集体中的每个人占据多个外部网络而又同时属于多个内部网络。因此,不同的网络结构不仅共存,并且可以互补。

虽然桥理论和结点理论是互补的,各自聚集于网络结构的内部和外部维度,但它也分析了什么产生外部的社会资本,什么可能会减少内部的社会资本,反之亦然。例如,对于一个来自不同社会群体(高水平外部社会资本)的团队,可能没有很高的情感亲密度或交流频率(低水平内部社会资本)。相反,一个拥有高水平内部社会资本的群体可能有很少的外部社会资本。因此,需要分析团队的交流密度是如何发展起来的。允许更广泛地评估内部社会网络在企业发展过程中所扮演的角色,它允许评估开始时低但后来显著增加的团队,他们的内部社会资本在团队形成的第一时间内比内部社会资本高的团队要好得多。理由如下:如果他们的内部社会资本是从一开始就很高,这就意味着他们是嵌入在相同或非常相似的社会环境,减少导致不同观点的群体以及与社会接触,为提高他们的商业理念的发展提供了重要信息的机会。因此,在项目开始之际,内部和外部社会资本之间可能存在权衡取舍。这个问题从最初的内部和外部社会资本禀赋的静态角度转移到团队初始状态的社会资本起源的动态视角。

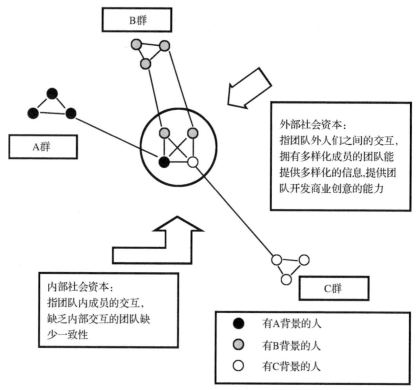

图 2-5 外部社会资本与内部社会资本图

Burt(2000)提出了一个将结点理论和桥理论结合起来的模型,他的模型论证了在团队内部的高密度对于识别和实现团队外部联系的结构洞是很关键的。该模型基于群体的内部和外部的社会结构而成,如图 2-6 所示。

图 2-6 结点联结和桥联结综合图

图中纵轴表示外部网络密度,即群体的外部社会资本,其数量由非冗余外部联系的数量所决定。非冗余联系代表着组织外的网络密度低。最上面的一行表示高外部社会资本较高的团队。他们的成员在团队之外有许多非冗余的联系。通过跨团队的结构洞,他们从网络中能获取多样化的观点、技能或资源,这些关系对团队绩效有积极的影响。图的下面一行是外部社会资本较低的团体,这些团体是由拥有冗余外部联系的人所组成。由于这些联系人在团队外是相互关联的,所以他们提供的信息是冗余的。这样的团队有单一的视角、技能或资源,因此不会有高的绩效。

图中横轴表示内部网络密度,即群体的内部社会资本。内部结构洞会削弱群体内部的沟通和协调,这将限制群体利用外部中介的能力。高网络密度消除了结构洞,因此,靠左边的列显示了拥有不相联成员的群体拥有较少社会资本,相比右边的列,左列绩效水平更差。

最后,如果具有更高水平的外部社会资本和更高水平的内部社会资本将会有最好业绩,如图象限的右上角。这个象限优于其他象限中的团队绩效。一个相互高度关联的群体,拥有丰富多样的外部社会资本,似乎是实现团队目标的最佳条件。

然而,产生一种类型的社会资本更高水平的条件可能会抑制另一种类型的发展。虽然这个框架隐含假定桥联结和结点联结是互补的,他们各自专注于自己的内部和外部的维度。在产生较高水平外部社会资本的同时,可能会产生较低的内部社会资本,反之亦然。例如,一个来自不同社会群体(高外部社会资本)的团队可能没有很高的情感亲密度或沟通频率(低内部社会资本)。相反,一个有很高内部社会资本的群体可能会有很低的外部社会资本,因为他们可能嵌入在相同或非常相似的社会环境中,这就减少了他们为群体贡献不同观点的机会,能提供群体发展的重要信息较少。因此,内部和外部社会资本之间可能存在权衡。

一个新企业的生存能力在一定程度上取决于创业者对创业环境的判断,以及他们在创业后能否获得生存下去的能力资源。创业者们社会网络的多样性和构成为他们获取信息和资源提供了入口,正是这些信息和资源决定着创业的可能性(Renzulli et al,2000)。创业者们需要关于创业的两类信息,机会以及把握机会所需要获取的资源的详细信息(包括技术、营销方法、操作等)。因此,对他们来说,有一个能帮助他们评估机会和条件的外部网络是至关重要的。Burt(1992)详细阐述了创业者的成功机会是由他们的网络结构决定的。他认为,在网络关系中拥有较多结构洞的创业者,能有更多识别和优化创业的机会,因为他们处在网络结构的核心位置,这使得他们更容易拥有高质量且有价值的信息。把这个理论运用于创业团队而不是创业个体,商业机会开发质量取决于团队社会资本。

Burt(1992)认为,当机会越来越多时,网络信息优势决定了谁知道这些机会、何时知道以及如何参与这些机会。他将企业家的概念与"中间人"的概念相提并论。"创业者"一词的词源来自法语,意思是从"中间"(entre)"采用,抓住或抢夺"(prendre)。因此,一个在网络中不相关元素之间的人更可能拥有创造性且更容易获得有价值的商业信息。虽然没有通过结构洞理论来专门研究创业环境中的创意发展,但有几项研究利用这一论点来证明了公司有更高的创新率(Hills et al,1997)。当一个团队由来自不同背景的人组成时,他们能对团队产生多样化的贡献。因为他们多元化的外部网络为他们提供获得更广泛的观点的机会,以及与那些有价值的人们联系的可能,这些人能向他们提供有关商业各方面的详细信息,并且能指导他们获取资源。由来自不同背景的人组成的团队,更有可能拥有一个有异质联系的网络。这样就可以跨越更多的结构洞,并且可以更快地访问更多不同的信息并更好地了解信息的内容。相反,一个由同质关系构成的网络对创业团队的价值是有限的。随着同一类型的人的积累,每一个带来的关系边际价值会下降。和有类似特点或有类似社会位置的人有关系,提供的信息都是多余的,因此同质关系在提供新信息方面是有疑问的(Burt,1992)。因此,如果团队与各种各样的人保持联系,创业团队将能更好地进行商务活动。

如何测量团队的外部社会资本是一个问题。Granovetter(1973)的经典论文《弱关系的力量》认为,充当"桥梁"信息来源的弱关系不一定包含在一个人的眼前(强关系)网络里,这为测量团队外部网络的多样性提供了一个起点。他的论点认为,我们往往会很熟悉最亲密的朋友或亲戚(强关系),但偶尔认识的人(弱关系)将为外部网络带来更多可能性。所以,通过偶尔相识的人或许会比亲密的朋友(强关系)更有可能得到不一样的信息,因为大多数人的弱关系比强关系多。由任何个人组成的一组人,即他或她的熟人都包含一个低密度的网络,而由密友或家庭成员组成的网络更紧密。第一种网络能获取不同的信息和观点,而第二种网络将更加同质化。将这种逻辑运用到创业团队,可以知道团队的外部网络多样性将取决于团队成员在创立公司之前所拥有的网络关系强度。

第二章　理论基础与研究综述

换句话说，Granovetter(1973)认为，个人的网络重叠程度与他们彼此联络的程度成正比。团队外部网络的多样性，将根据团队成员与创业公司外部的不同关系而变化。在创业前团队成员之间的关系强度决定团队外部网络的规模和特点，创业前如果有紧密的团队成员之间的关系和较高的沟通概率，他们的交往会很相似。因此，相比成员之间关系更弱的团队，他们的外部网络会有限。

为了提高外部社会资本的测量，需要考虑团队成员人口统计学的多样性。团队成员之间的人口多样性是一个重要的考虑因素，因为它允许跨越不同的社会群体。而且，在考虑一个团队而不是一个个体的情况下，在不同人口背景的成员之间建立高度的沟通是至关重要的。这样可以让团队更好地结合起来，从而利用不同群体提供的机会、信息和知识资源。

在这方面，Reagans 和 Zuckerman(2001)提出了一个框架，非常值得借鉴。他们将团队中的人口多样性视为外部网络多样性的来源。具体来说，他们探讨了网络多样性的两个组成部分：(1) 网络密度，即团队成员彼此沟通的频率；(2) 网络异质性，即这种交流是在不同背景的同事之间的。他们发现多样性本身并不与高效的产出直接相关，但网络密度和异质性与高效的产出直接相关。结果表明，一个高度多样化的群体，如果不发展良好的工作关系也不会有高效的产出。

因此，Reagans 和 Zuckerman(2001)测量了外部网络的多样性，构建了一个包含团队成员人口属性的变量，以及团队中每个成员之间的关系。通过这种方式，他们的网络异质性变量衡量的是，团队中每个成员所处的网络时间的很大一部分与团队人口统计分布中远离的同事的程度，网络异质性的高分表示团队已经达到在团队人口统计分布中高度彼此远离的个体之间的联系。当互动跨越团队的人口统计分布时，网络异质性很高。Reagans 和 Zuckerman 在他们的研究中使用了组织权属，这是多样性研究中的一个关键人口变量。

组织多样性与团队绩效有关系(Reagans et al,2001)。在创业团队中，组织任期不是一个好的变量，因为该组织还没有很好地建立起来。另一个能预期类似影响的人口统计学变量是功能多样性，因为两者都是与工作高度相关的属性。两者都是由工作经验所定义的，一个是指一个人是否接触到某一特定的工作领域，另一个则是他为公司工作了多少时间。此外，它们通常被归类为产生良性冲突的多样性类型。Ancona 和 Caldwell(1992)指出,产品开发团队成员的职能背景和公司任职可能尤为重要,因为这些因素决定一个人的技术能力、信息、知识和人的视角,以及一个人对组织的历史认知。

功能多样性与团队绩效的其他方面有关。如 Pelled,Eisenhardt 和 Xin(1999)发现,功能背景多样性是与冲突有关的,进一步又与认知任务的绩效呈正相关关系。这种冲突促进了对任务问题的深入理解和信息交流,有助于解决问题、进行决策和产生创意。其他的一些研究已经表明,相比同质化的团队,功能多样的团队能够产生更多的创新(Bantel et al,2010),可以制定更清晰的战略,并能更积极地应对竞争威胁(Hambrick et al,1996)。

研究表明,创业团队拥有越多的功能多样性,就越比同质的团队成功(Roure et al,1986)。尽管很难从功能多样的团队的人力资本利益中分离出社会资本的好处,但有许多理由相信,功能背景上的不同产生了网络的不同。事实上,这种多样性是可取的。

在开发一个连贯完整的业务模型的过程中,一个团队需要能够与不同的人联系,寻找信息、支持和参考其他资源,特别是它需要能够接触可能的客户、供应商、分销渠道,或者跟那些在广告、运营、财务和其他重要的功能领域的人接触,以进行商业模式的开发与优化。因为在创业的初期阶段,创业企业家自己很难做这些事,那么以前的社会关系和对这些行为者的信任会增加他们获得所需的支持和信息的可能性。因此,当一个团队由不同功能背景的人组成时,该团队将能更广泛地接触到各种各样的联系人。而且,拥有不同功能背景的成员之间的沟通密度高,将使团队能够成功地整合各种联系所带来的益处,以便成功地将业务理念整合,并把有良好的市场潜力的业务实施起来。

外部社会资本和内部社会资本需建立在团队成员高交流频率(即高内部社会资本)之上,要好好利用团队外部联系的多样性。换句话说,较高水平的外部社会资本和更高水平的内部社会资本有望提高企业业绩。一个高度相互关联的群体,具有丰富多元的外部社会资本,似乎是实现群体目标最好的情况。

2.4 资源获取与企业绩效的研究综述

人们越来越意识到,除了资源属性本身,资源积累的过程本身可能会影响资源的属性并有助于提高性能(Hoopes et al,2003;Lavie,2012;Peteraf et al,2003)。寻求开发新资源的创业企业发现,许多资源在非现有要素市场上是不可交易的(Alvarez et al,2001;Dierickx et al,1989;Stevenson et al,2007),因为普遍缺乏资源以及要素市场的不完整和分散化常常迫使创业企业乞求、借用甚至窃取,以便选择他们可以找到的任何资源(Baker et al,2005)。对资源的需求可能会导致企业家获得的资源不适应他们最直接的需求。

2.4.1 资源获取的内涵与构成

可利用性被一部分学者看作是资源最根本的属性,企业的发展受到获取资源的重要影响(Amit et al,1993)。资源分为资源流量和资源存量(Boccardelli et al,2006)。资源流量是能够替代或增加企业的现有资源,是企业资源的流动部分。资源存量是企业所有经营活动的基础,企业经过长时间的沉淀,逐步累积各方面的资源。企业需要引进新的资源,不断地替代或增加现有资源存量,从而维持可持续竞争优势(Kogut et al,1997;Zollo et al,2002;Zott,2003)。每种资源都可能因为资源本身的属性和环境的变化而产生折旧问题,资源存量和资源流量也在不断地转化与融合,从而帮企业实现资源积累。

本书着重研究创业企业的资源获取,尤其是创业者依靠其社会关系所获取的资源。创业企业的资源获取是一个要求创业者要明确企业所需资源,并通过多种方式得到它们且最终为企业所用的过程。资源获取可以按照不同的角度,如类别、途径、结果、能力等进行分析和理解。

关于资源获取的构成,有学者从资源类别的角度进行分解,认为作为企业与社会关系的"联结点",企业家获取的资源大致可以分为经营和生产资源、政府行政和法律资源、管理和技术资源、精神和文化资源等(石秀印,1995)。还有学者根据资源内容,将资源获取划分为三个维度:(1)资金获取,即金融机构贷款、风险投资、政府扶持资金、税收优惠,以及通过合作获得其他外部资源;(2)知识获取,包括了一系列技术研发、市场开发和创新管理知识的获取;(3)信息获取,包含政府政策信息、市场信息和技术信息的获取(张方华,2006)。

学者们依照资源获取的途径,将其分为资源吸引、资源购买和资源积累三种类型。资源吸引是指企业通过企业家和企业的社会资本,达到吸引外部各方面资源的目的;资源购买则是通过财务手段,来获得人力、物料和资金方面的资源配置;资源积累就是在企业现有资源的基础上培育新的资源(Brush et al,2001;Sirmon et al,2007)。此外,还有学者将资源获取分为资源获取结果(企业是否获得资源及可用性)和资源获取能力(企业获得有用资源的能力)(罗志恒等,2009)。

现有研究通常认为企业的可持续竞争优势来源于创新,通过企业家社会资本可以带来企业外部的信息、资源和知识,为企业创新添砖加瓦(Adler et al,2002),但这一观点缺少实证研究的支撑。企业家社会关系网络中现实和潜在资源的总和形成了企业家社会资本,是企业的一种可得性资源。但学者们尚不清楚,它通过怎样的过程转变成企业内部资源,进而帮助企业创新(Moran,2005)。在我国经济转型期这一大时代背景下,为了更好地分析企业家社会资本对企业竞争优势的影响,必须清楚了解企业家将其社会关系网络中的资源转化为企业内部资源的过程。

2.4.2 资源获取对企业绩效的影响

从公司外部获取资源在很长一段时间内被视为创业企业的一项重要的创业任务(Kim et al,2019;Shane,2003)。最早进行资源基础理论研究的学者是 Penrose,她认为企业的成长过程就是企业不断发掘所需资源,并且资源的价值获得持续增长的过程(Penrose,1959)。Evans 和 Jovanovic(1989)的研究表明,资本约束是创业者创立企业失败的重要原因。创业者缺乏资金支持,或者没办法获得最优的资本结构,都会导致创业企业陷入财务危机,从而引发一连串负面效应,最后导致创业失败。创业理论也认为,资金资源的约束是创立企业的关键瓶颈因素,如何获取资金资源是新创企业面临的重要难题。

创业者需要积累不同类型的资源,以采取相应对策发展企业。虽然研究者们发现了需要在创业中提高风险投资的资源配置,但对于风险投资应如何积累资源来利用宝贵机会却知之甚少。

创业是识别当前资源约束并把握机会寻求价值实现的行为过程(Stevenson et al,1985)。发现机会后如何获取资源是创业者的重要任务。创业者资源获取从两个方面影响企业绩效。首先是资源获取的效率,即创业者整合所需资源所花费的时间。创业者进行资源整合的行动速度越快,所花费时间越少,创业者把握创业机会的速度就会越快,越能在竞争中获胜并实现机会价值和获得更好的绩效。其次是创业者资源获取的效果,即创业者所获取到的资源质量的高低,也会影响到创业企业绩效(Shane et al,2002;杨俊等,2009)。

创业融资难是创业企业面临的较大难题,学术界因此也大量关注创业者如何获得创业资金。美国的创业融资产业开始较早,融资市场较完善,以硅谷为代表的创业孵化基地处于世界领先水平。因此美国学者研究创业融资较早,虽然创业融资的方式较多,如政府投资、银行贷款、民间资本、融资租赁等,但他们发现创业者融资的最主要方式是吸引风险投资。因为和银行相比,风险投资更能为中小企业提供资金资源(Ueda,2004)。风险投资能在许多方面对创业企业起到积极的作用,如招募关键员工,商业模式的开发,与客户、投资者以及其他公司建立联系,并且也能提供相关行业的深度知识(Florida et al,1988;Hellmann et al,2002;Hsu,2004;Sorensen,2007)。

以风险投资为融资方式的研究被很多国内外学者所关注,他们从多种视角以风险投资产业为研究对象来探索创业融资的过程。风险投资在这些研究中被定义为:投资于创业企业的一种具有潜在高收益同时也具有高风险的权益资本。基于这一定义,研究者们从多种角度探讨了风险投资对创业企业的重要影响(Kim et al,2019;Rosenbusch et al,2013)。

2.5 社会资本与资源获取的研究综述

2.5.1 社会资本与融资行为

融资是一个企业筹集资金的行为与过程。在Allen(2005)看来,企业的融资行为相当于利用企业当前的价值来置换未来的收益,这样的置换一方面以合同作为法律保障,另一方面建立在债权人、债务人之间的关系基础之上。由于我国目前的法律制度、金融制度尚不完善,因此非正式制度成为一种重要的替代机制。作为一种非正式制度,社会资本与企业的融资行为密切相关(潘越等,2009)。Granovetter(1985)指出,在企业的社会结构中,最基本的经济行为就是交换。在特定的社会结构中,如果交易双方没有一定的信任关系,进行交换时必然会增加监督成本和交易成本。企业的融资行为都带有社会性这一固有属性,融资行为离不开企业的社会网络关系,企业在其社会网络关系中的地位与联结也给企业融资行为的效果带来影响。因此,在实证研究中,学者们会将融资行为嵌入到具体的企业社会关系网络中去考察,据此来分析融资行为与社会关系网络之间的紧密关系。

第一,企业融资依赖社会提供大部分资金。在企业受到经营状况和分红政策的影响下,往往内部融资能力有限,需要通过社会来筹集资金。在目前的经济背景下,银行贷款与商业信用成为我国企业债务融资的主要方式,资金来源分布于银行机构及利益相关企业。一个企业是否能够成功募集到资金用于自身的生存和发展,会受到它与融资方关系的影响。可见,大部分企业首当其冲的融资战略就应该是建立关系网络。

第二,企业的融资活动是在一定的社会机制下运作的。虽然融资行为看上去是货币资金的运动,但它遵循了一定的社会机制,体现出来的是一种社会关系。企业的融资行为要跟当前的社会机制相适应,随着它的变化而调整。此外,企业的融资行为还会受到道德伦理、价值观等非正式制度的影响。具体到实际的市场上去看,一个企业只要诚实守信,就更有可能触发社会奖励机制,为它的声誉、机遇、品牌带来莫大的帮助。而欺诈失信的企业更容易触发社会惩罚机制,不但自己的不良声誉会在社会关系网络中传播,而且还会造成产品滞销、投诉赔偿、失去合作机会等严重后果,最终这样的企业将会被排挤出关系网络。因此,社会机制既可以减少企业的不良融资行为,也能为企业起到社会担保作用。

第三,企业融资活动可以成为其社会关系的体现,它所处的社会关系网络对融资活动影响比较大。企业融资理论在早期只是把企业单独拿出来研究,将"信息不对称""反向选择""信息传递"这些理论或概念引入融资行为中进行分析,试图解读内外因素如何影响融资行为。但事实上,企业开展各

第二章 理论基础与研究综述

种融资活动,离不开其所处的社会关系网络。随着交流渠道的飞速发展,企业之间可以超越地理、行业等方面的限制,进行更紧密的联系,在共同的社会背景和社会制度下,形成了复杂而宽泛的社会关系网络,建立了"信用为重,合约次之"的交易机制。

起初,有学者通过金融的视角切入,研究社会资本对融资行为会有怎样的影响。结果发现,社会资本改善了人们之间的信任关系,在社会资本较高的社区中,社会关系网络能够显著提高彼此的信任以及践行承诺的力度,在资本市场中进一步促成大家合作共赢(Coleman,1990)。还有学者对中小企业进行问卷调查,结果发现,一旦企业与资金来源方有良好的社会关系,就可以得到更低的贷款利息。所以他们会认为企业与相关资本机构的关系能够给企业获得资金和降低融资成本带来重要影响(Uzzi,1997)。

Woolcock(1998)认为,中小企业为了获得发展所需的稀缺资源,经常采用社会资本这一重要手段。特别是在资源匮乏的经济欠发达地区,中小企业间的信任关系建立在社会资本的基础之上,通过社会资本促使它们形成网络并完成交易。更有学者在"关系融资理论"中直接指出,企业想要获得资金,取决于它有怎样的社会关系(Chakravarty et al,1999)。

以意大利为例,Guiso 和 Haliassos(2001)发现,在意大利北部地区,社会资本和人际信任程度较高,人们更乐于使用支票和投资证券,信贷资金也可以轻松从正规金融机构得到;与之相对应,如果生活在法制程度和教育程度较低的地区,社会生活中需要人们之间的信任机制来发挥重要作用,社会资本对经济发展有着显著影响。以 270 家泰国非金融类上市公司为例,Charumilind 等人在 2006 年发现,在 1997 年亚洲金融危机之前,如果上市公司有一定的政治关系,就有机会得到更多的银行长期贷款,并且只需较少的担保抵押;而上市公司要是没有政治关系,通常只能获得短期贷款,对担保抵押的要求也会相应增加。

在 Bai 等人(2006)看来,企业会因为具有良好的社会关系而带来至少三种收益:第一,贷款更加便利和优惠;第二,不需要太多担保用于维持信任关系;第三,有机会与长期客户重谈交易条件。

Claessens 等(2008)通过对巴西企业进行调研,发现企业如果提供政治献金的话,在每次选举后,能够大幅提升从银行获得的贷款。因此,政府关系是社会关系中最重要的,可以帮助企业获取贷款。还有学者在实证中发现,企业如果有一定的政治关系,就可以有更广的消息面和更多的贷款额(Zhou,2009)。

戴建中(2001)通过分析全国工商联对私营企业的调研数据发现,13%的私营企业在贷款的时候,需要发动社会关系网络,私营企业的发展非常需要社会关系。社会关系网络的层次越高,对私营企业的影响越大。

王霄和胡军(2005)提出,对中小企业融资管束后,拥有更多社会资本的企业进入信贷市场的难度会相应降低。在这种情况下,企业在审查成本降低的同时,社会关系网络变得更加紧密,因而可以带来更加宽松的融资环境。

中国学者以中小企业集群为研究对象,对它们的社会资本网络机制加以分析,发现这些企业在产业集群中由于具备紧密的社会网络结构,卓有成效地解决了资金困境。另一方面,上下游供应链也系统化地为产业集群服务,大大地方便了中小企业发展。还有学者对广州某中小企业集群调研后发现,这里的小企业通过社会关系网络获得了30.6%的创业资金,因此,他们认为中小企业主要通过非正规金融渠道即基于自己的社会网络结构获得资金(张荣刚等,2006)。

吴小瑾等(2008)认为,对于中小企业来说,融资行为受到集群文化和集群网络的影响。在开放式的集群文化中,中小企业普遍具有较高的社会信任程度,从而导致融资的可得性与便利性更大;在封闭保守的集群文化中则出现较低的社会信任程度,其融资的可得性与便利性也随之偏低。另一方面,集群网络关系也明显影响着中小企业的融资行为:集群网络越密集,信息透明度越高,其融资行为越好执行。他们提出,中小企业融资方式应当进行创新,将社会资本的信任机制拓展到相关金融机构。

王越和刘珂(2008)将研究聚焦在了中小企业融资难的问题上,认为解决融资难问题的一个捷径就是利用社会资本建立和增强集群网络关系,并通过它来实现非正规融资。社会资本中的认知资本和结构资本会强化集群网络关系,而后通过生产网络、合作网络、人情网络等实现非正规融资行为。

还有学者通过对中国房地产行业中47家上市公司的取样调查,探索了社会资本与企业的融资能力、债务期限的关系,指出透过短期债务可以发现企业社会资本可以影响其融资能力,随着企业社会资本提高,企业财务弹性也会相应增加。但由于沈艺峰等的研究样本主要来源于房地产上市公司,鉴于其行业特殊性,研究成果是否具普遍性还有待考证(沈艺峰等,2009)。

2.5.2 社会资本对资源获取的影响

创业团队的社交网络以两种方式影响企业获取财务资源的前景。

首先,诸如公司间伙伴关系、投资关系和政治关系等网络关系提供了有关资金来源的相关信息(Burt,1992,1997;Gulati,2007)。先前的研究表明,网络的一个好处是通过行动者之间的关系资源禀赋得以流动,包括信息、交易机会、专业知识(Borgatti,2005;Burt,1997)。

其次,网络帮助企业获得财务资源和合法性(Larson et al,1993;Zhang et al,2015)。先前的研究已经认识到利用管理层社会网络的优点(Acquaah,2007;Li et al,2008;Peng et al,2000),特别是当创业企业有进入缺陷及缺少合法性问题时(Eisenhardt et al,1990;Freeman,1983)。创业企业的行为很少得到外部投资者的认可(Palmer et al,1986)。利用创业团队的社会关系和网络可以促进形成支持性的组织间关系(Batjargal et al,2004;Eisenhardt et al,1996;Hallen,2008),因此,创业团队的社交网络有效地弥补了新创企业有限的启动资源(Hsu et al,2007)。创业团队的个人关系和网络也可以用可靠的方式,以较低的成本提供有关创业者能力和新项目质量的信息(Burt,1992;Dyer et al,1998;Uzzi,1997)促进建立合法性新企业(Hallen,2008),利用创业者的社交网络帮助企业生存是基于互惠和相互义务的可持续合作价值创造的逻辑(Gordon et al,1997)。

案例研究表明(Fried et al,1994),由于风险投资会收到很多的商业计划书寻求资助,社会联系对于他们确定资助哪些创业公司显得非常重要。这些发现暗示了一个过程,风险投资人倾向于通过其所投资的公司、朋友、家人的推荐,选择他们了解的创业者并提供资金。Burton(2002)运用更系统的证据表明,具有先前职业经验的企业家可能会从信息和地位中获得优势,在创建外部融资和创新企业方面都会产生很大的影响。Shane等(2002)发现,具有社会资本的创业者(与风险资本家预先存在的直接或间接联系)在企业早期阶段获得风险投资的可能性较高。虽然文献往往强调对另外两类财务资源获得的渠道——培训和族谱经验,但对工作中的社会网络机制如何影响资源获取研究相对较少。以往关于资源获取的研究并没有具体去了解有经验的创始人如何发展与风险投资公司之间直接或间接的关系。虽然 Wright 等(1998)和 Shane 等(2002)提到有一种方式是通过创始人对风险投资进行技术尽职调查,但这些作者认为社会资本的外生组织禀赋肯定来自某个地方,一种可能的方式是参与过创业团体。社交互动受到地理上限制是典型的 VC 投资特征(Sorenson et al,2001),所以创业者把基于社会团队的创业俱乐部、事件和媒体作为传达信息的主要手段。创业者,特别是那些处于创业初期的创业者,因为他们的资源通常是有限的,所以通常以机会驱动的方式行事。这就意味着这些人会积极参与社会团队挖掘资源,挖掘资源提供者网络并交流想法。创业者通常是那些在团队中持续创业想法最长的人。

以前的研究以充分的证据表明,社交网络是创业企业的宝贵资源,并对创业企业产生积极影响(Batjargal et al,2004;Erikson,2002;Milanov et al,2013;Stam et al,2014)。但是,有一个问题仍然没有得到充分研究:在一个新的风险投资项目中,企业家的社交网络将依赖于什么条件?此外,尽管高层管理人员的网络与公司业绩之间存在着积极的关系,但一些公司选择不集中使用管理型社会资本。

2.6　本章小结

本章从三大理论基础入手,分析并核心构念相关的文献观点,综述创业团队、社会资本、企业绩效、资源获取、风险投资等文献的研究成果,以为本研究寻找理论支持。通过对已有研究结论的系统分析与总结,找出以往研究所采用的方法、研究的视角、研究结论和尚需研究的方向,从而进一步明确本研究的主题和核心构念、构念之间的关系路径。

通过以上的理论回顾与文献评述,本章得出如下结论:

(1)创业团队社会资本的研究不足,需要进一步丰富研究成果。已有文献的研究对象对企业家、创业者个人的社会资本较关注,而对创业团队层面的研究有限。事实上,团队创业成功率要大于个人创业,因而可以确认创业团队能够正向影响企业的盈利能力、成长能力和生存能力。但是,

第二章 理论基础与研究综述

暂时还没有研究使用社会资本相关的理论来对它进行更深刻的调查，所以尚不清楚它们背后的因果关系。因此，有必要深入研究团队社会资本的作用。

（2）创业团队社会资本的研究并未深入探讨社会资本的内部作用机制。创业团队的外部社会资本，即通过桥联结网络带来的社会资本，能为创业团队带来多样化的观点、技能或资源，对团队绩效有积极的影响。传统的社会资本理论对这种影响作用做了大量实证研究支撑，但这种影响的内部机制如何，以往研究并未给出太多研究结论。以往缺乏深入对社会资本内部作用机制的研究，因此，本章对创业团队社会资本的作用机制进行系统的阐述和梳理。

（3）现有社会资本的测量方法单一，需要多样化的数据来源丰富和验证研究成果。以往的社会资本研究大多采用问卷调查法，由于题项标准化程度低，以及受答题者主观因素影响较大，所以测量结果有着很大差异。本书用创业板上市公司的公开数据测量创业团队社会资本，数据更客观准确，多样化的数据来源能对现有研究进行验证与补充。

第三章
研究假设与理论模型

3.1 研究构件的界定

3.1.1 创业团队

得到较多认可的创业团队定义由 Kamm(1990)提出,后经过学者 Watson(1995)和 Cooney(2005)的进一步发展和完善。他们把创业团队定义为两个或两个以上的人,积极参与企业发展并且有涉及重大财务利益。定义中的"积极参与",是指创业人员要参与企业经营,而不像那些只投资不管理的静默合伙人,例如风险投资人、银行和其他投资机构;定义中的"有重大财务利益",是指企业需要有较多投资,一般企业里拥有对等财务利益的合伙人不会太多(投资较少的人不算作创业团队关键成员);定义中的"企业发展",是指将创业动态性的发展考虑在内,创业团队成员可以在企业发展过程中的任何时候退出或者加入。

创业团队具体应该包括公司的哪些职位、哪些人,现有的研究尚未形成统一的观点。Ensley 等(2002)和 Shepherd 等(2002)把创业公司中的高管作为创业团队。姚振华(2014)在研究中进一步指出,创业团队包括了董事长、总经理和副总级别的高管。董静和孟德敏(2016)将创业团队界定为CEO、副总经理和由他们直接分管的部分经理,他们认为拥有控制权和决策权是创业团队的重要特点,创业团队负有战略制定和执行的职能。

综合以上学者的研究,我们参考姚振华(2014)的做法,把创业团队定义为董事会成员(除独立董事)和高管。董事会有战略决策权,一般是股东的代表,也就意味着拥有重大利益;高管有战略执行权,但董事会和高管人员会有重叠,计量时需要做合并处理。排除独立董事,是因为他们不持股且不在公司内部任职,既不涉及重大利益,同时也不参与经营。高管包括总经理和副总经理层,副总经理层往往是某个业务和职能部门的负责人。具体来说,本书所定义的创业团队包括董事会成员(排除独立董事)、总经理和副总经理级别(如财务总监、市场总监、副总监等)人员。

3.1.2 创业团队社会资本

社会资本包括个人和集体的社交网络和关系,有助于获取知识、信息等资源把握市场机会(Bollingtoft et al,2005)。创业者需信息、技能和劳动力等来实现创业成功,其中很多资源创业者本身就拥有,但也有许多资源创业者并没有,所以需要利用其社交网络来补充自己的资源(Cooper et al,1995)。在这个瞬息万变的年代,创业企业所面临的环境一直处在发展变化中,如何在这些环境中获得有利于创业企业发展的外部资源,需要创业团队成员通过其所处的社会关系网络发现并获取这些资源。但这取决于创业团队成员在网络结构中所处的位置,需要有较高的网络联系的质量和数量,这些网络提供了获取资源和信息的通道。在获取知识、资源和支持相关的过程中,创业者用他们现有的社交网络建立新的社交网络(Aldrich et al,1999)。创业团队的社会资本正是创业团队成员通过其所处的社会网络结构获取的利益和资源。

Adler 和 Kwon(2002)回顾有关社会资本的文献,发现大多数研究得出不同观点的原因主要在于他们对社会资本的关注面有所不同。有的关注行为者的外部关系,有的关注内部关系,还有的关注其他的关系。社会资本可以从不同角度进行分类,比如将内外部社会资本综合考虑,有学者将社会资本分为沟通型、联系型和结合型(Fischer et al,2012;Adler et al,2002)。Lee 等(2001)和 Acquaah(2007)的观点认为创业团队的社会资本是指通过外部联系获得的资本,主要包括创业团队成员通过网络关系所获取的各种资源,其中包括横向网络、与政府间的政治关联,以及社会声誉等。有学者将社会资本分为横向联系、纵向联系和社会联系(边燕杰等,2000),这其实也是对外部社会资本的分类。

创业团队的社会资本是创业团队中个人社会资本的总和。本书主要关注外部社会资本,所以借鉴了中国最早进行社会资本研究的学者边燕杰的分类方法,以及国外研究社会资本的权威学者 Lee 等(2001)和 Acquaah(2007)对外部社会资本的分类,把社会资本分为企业联系、政治联系和社会联系三个维度。建立在这个分类之上,研究人员提出了有关创业团队社会资本的具体假设。其中,创业团队的政治联系是指团队成员与政府的联系,即团队成员有没有在政府部分工作的经历,包括作为人大代表、政治协商会议的成员;企业联系是指创业团队的成员与其他企业之间的关系,即创业团队成员在创业前是否有在其他企业工作的经历;社会联系主要是指创业团队成员除以上两种联系之外的其他联系,如与金融机构的联系。

3.1.3 资源获取

由于新创企业通常缺乏生存和发展的必要资源,因此需要通过资源获取来克服新进入障碍和应对资金不足(Aldrich et al,1986;Stinchcombe,2004)。关于企业家资源获取的研究(Lounsbury et al,2001;Zott et al,2007)是企业家精神领域的核心领域。Timmons等(1999)将资源获取作为和创业团队、机会把握三个因素并列的新创企业成长的关键。

从公司外部获取资源被视为长期以来的关键创业任务(Kim et al,2019;Shane,2003)。资金资源通常被认为是一种关键资源,但资金本身并不执行搜索或执行功能;相反,它有助于获取可以为公司提供这些职能的资源,这包括管理、人力资源、编程知识、市场营销和财务资源等无形资源,以及设备、设施或材料等有形资源(Foss et al,2013)。

我们通过关注社会资本如何影响资金资源获取,进而来评估对创业企业获取资源过程中的绩效影响。风险投资是创业公司资金获取的重要渠道,是指专业的风险投资机构选择一些特定企业给予资金支持,以获取股权的方式投资创业公司。在本书中,资金资源获取是指创业企业是否得到了风险投资公司的资金支持。有学者比较了风险投资对创业企业在IPO前后的企业绩效,结果发现有风险投资支持的企业,在IPO之前的绩效低于那些未被风险投资的企业。在IPO之后,企业绩效较IPO之前下降,但有风险投资的企业业绩下降没有无风险投资的企业下降得快,并且IPO之后,有风险投资支持的创业企业绩效要更高。也就是说,风险投资对创业企业绩效有影响作用(唐运舒等,2008)。本书将创业企业是否获得风险投资机构的投资作为风投资源获取的界定,具体数据来源于创业板企业招股说明书,并在排名前十的股东里寻找是否有风投机构,作为风投资源获取的界定。

3.1.4 创业企业绩效

企业绩效,也称企业业绩。现有的研究有以下几种对企业绩效的理解:(1)绩效是一种行为,是一种为达到企业目标而进行的行为活动,行为就是绩效的表现形式,有行为才有绩效(Stephan et al,1985);(2)绩效是一种结果,绩效与企业的市场目标、战略规划及资金配置都关系紧密,是企业活动的结果(Antoncic et al,2008);(3)绩效是行为和结果的结合,企业往往会将绩效目标分解并分步达成,此时行为不仅是达成结果的工具,而且行为本身也是实现企业目标的结果(Brumbrach,1998)。

在绩效的基础上,学者们引申出了创业绩效的概念,创业者创业绩效是指在创业者新创企业的效率和效果的总和。创业绩效在创业理论中占据举足轻重的地位,是衡量创业活动是否成功及创业理论有效与否的重要指标。创业绩效通常被国内外学者用来作为衡量创业活动的成果,本书也用创业绩效衡量创业的成果。

Eddleston等人(2008)认为,由于绩效结构的基础多维性,实行多重绩效评估是必要的,而其中财务业绩、市场表现和组织绩效是重要的、根本性的指标。前文中提到,企业的绩效指标一直受到学者和管理者非同寻常的重视,作为重要的组织绩效评价指标,它通常分为会计和市场两种财务指标(Becker et al,1987)。它们之间的区别在于会计方法、非现金交易和折旧等因素,虽会计财务指标会失去一定的真实度,但市场财务指标却能够突破这些因素的限制,把企业的当前效益和未来潜力真实展现出来(Kroll et al,2007;Gruenfeld et al,1996)。学者普遍认为,市场财务指标更适合去充当组织绩效评价指标(Lee et al,2001;Lin et al,2011)。按照尽量用多维的角度来衡量企业绩效的思路以及以往学者的研究思路,我们将财务指标和市场指标作为创业企业绩效。

3.2 研究假设的提出

3.2.1 创业团队社会资本与企业绩效的关系

许多研究表明,创业者的社会资本能帮助创业团队创业成功。新成立的公司往往由于缺乏关键资源(如资本和出色的人才)而表现不佳甚至倒闭(Williamson,2000),因此,拥有更多其他必要资源的创始人往往更具有竞争优势。鉴于社会资本的积极效益,具有高社会资本水平的新创业创始人预计会比社会资本较少的创始人有更好的企业绩效。实证研究支持了这一观点,具有较多社会资本的创业者所创办的企业相比较少社会资本的创业者所办企业成功率更高。Nahapiet等(2000)、Inkpen和Tsang(2005)、Stam等(2014)的研究表明,具有更多社会资本的创始人将会发现和利用更多的机会。社会资本较高的个人更有可能创业,并在18个月后继续经营该企业(Davidsson et al,2003)。调查数据支持这样的观点:具有高水平社会资本的创业者更有可能建立成功的新创企业。例如,对1 710家德国公司进行的一项调查发现,拥有较高社会资本的创始人所拥有的新创企业更有可能生存,并且其销售和就业增长率高于那些拥有较少社会资本的创始人所拥有的新创业企业(Bruderl et al,1998)。对信息技术行业创业者的研究也表明,从社会资本中收集更多信息的创始人更有可能认识到市场机会(Ozgen et al,2007)。在一项对111位企业家进行的研究中发现,企业家通过他们的社交网络了解商业创意并收集有关市场机会的重要信息(Smeltzer et al,1991)。理论和实证研究都支持具有较大社交网络的创业者更有可能发现机会的这一观点(Singh et al,1999)。

研究表明,创业团队社会资本对企业绩效有积极的影响。创业团队的组织资本(无论是人力资本还是社会资本)能对创业业绩有积极的影响(Shane et al,2002)。通过对有风投支持的初创企业研究发现,创始人网络规模以及与来自不同商业背景组合成的创业团队对新创企业绩效产生了积极影响(Lechner et al,2006)。具体来说,由不同商业背景组成的创始人团队(如来源于社区中的杰出商业人士、竞争对手或战略联盟成员)会拥有更大的社交网络,企业发展得更快,销售额更高。此外,在对380家新企业的调查中,发现其创始人是商业网络成员的企业,例如商会成员,能更快地产生第一笔销售并有更好的财务状况和更高的公司业绩(Davidsson et al,2003)。通过对各行业新创企业创始人的广泛考察后发现,有更多更广泛社交网络的创始人在第一年的运营中能获得较高的企业增长(Hansen,1995)。Florin等(2003)通过对转型经济的研究发现,社会资本对正式制度有替代的作用,因而社会资本可以减少企业的交易成本。

但也有研究发现社会资本对企业绩效的影响是负向的。社会资本也会为企业带来一些负面效应,如为了维护社会关系,企业需要对人力、物力和财力进行大量投资,且并不是所有这些投资都能有回报。如果盲目投资,过度依赖社会网络会致使眼界狭隘,可能会带来灾难性后果(Gargiulo et al,1999)。也有研究表明,社会资本会限制决策的自由(Nahapiet et al,1998)。这表明,社会资本与新企业成功之间的关系还有很多需要了解的地方(Hoang et al,2003)。例如,现有的实证研究样本有限,如缺乏风险投资支持的公司(Lechner et al,2006)或刚刚上市的公司(Florin et al,2003)。

大部分的理论都支持社会资本对企业绩效的正向影响。社会资本理论认为,社会资本是企业重要的资源,其核心论点是:关系网络为社会事务的处理提供了宝贵资源,为企业中的行动者提供了获得信用的背书和企业所有的资本(Bourdieu,1986)。拥有社会资本的积极作用是:它能帮助个体的信息获取渠道增加,从而提高信息的及时性和准确性(Coleman,1988;Granovetter,1973;Uzzi,1997);使社会网络成员之间的凝聚力变强;信任增加(Adler et al,2002;Krackhardt et al,1993),从而提高个人或组织的影响力(Coleman,1988;Burt,1992,1997)。而且,社会资本有助于企业降低交易成本并且提高交易效率,进而提高企业绩效(边燕杰等,2000)。

资源基础理论假定一个组织会通过创建与高级合作伙伴的联系获得优势(Lin,2001),因为这有助于减少新进入威胁(Elfring et al,2007);它还通过结构和关系嵌入,提供了竞争优势(Granovetter,1992;Florin et al,2003;Felicio et al,2012)。组织社会资本帮助企业的生存,通过为网络中的利益相关者提供稳定性(Fischer et al,2004)、提供信息(Davidsson et al,2003)和当企业能够获取联结资源为企业提供网络效应。

社会资本甚至被证明会影响社区(Putnam,1993)和国家(Fukuyama,1995)的经济表现,更不用说公司了。因为社会资本为创业提供了资源、机会,会对企业经营活动产生重大影响。创业企业由于新进入缺陷等先天不足,其获取外部资源的能力往往成为其生存的重要因素。

因此,综上所述,本书提出以下假设:

假设1:创业团队社会资本与企业绩效呈正相关关系。

基于社会资本的分类,有一些学者将社会资本分为正式网络关系和非正式网络关系(Tichy et al,1979);也有学者将社会资本分为技术、市场、政府、金融等(张方华,2006);还有学者将社会资本分为结合型、联系型和沟通型(Acquaah,2007;Stam et al,2014);或者有学者将社会资本分为横向联系、纵向联系和社会联系(边燕杰等,2000)。

还有学者归纳出了个体、组织间社会网络的两种表现形式:其一,无洞结构网络,也就是说网络中的任何两个个体之间都有联结关系,随便哪两个个体之间都不存在关系间断的情况,通常可见于小群体当中;其二,有"结构洞"网络,也就是网络中特定个体与某些个体之间存在联结关系,却跟其他个体没有这样的联结,个体之间发生了关系间断的情况,就像是好好的一张网中间出现了破洞,也被称之为"结构洞"(Burt,1991)。

Granovetter(1992)在研究结构式嵌入和关系式嵌入时将"关系式嵌入"解释成人与人之间经过长期接触而建立的个人关系,且会关注诸如友谊和尊重之类存在人们之间并影响他们行为的特定联系;"结构式嵌入"把社会系统和其关系网络的资产当成一个整体,描述了人们之间、子群体之间相互联系的非个人结构。

Nahapiet 和 Ghoshal(1998)将社会资本分为关系维度、结构维度和认知维度。其中,关系维度是指网络中行动者之间联系的情感质量;结构维度是指行动者之间相互联系的总体模式;认知维度是指为各行动方提供的共同解释、表达和意义系统。Adler 和 Kwon(2002)认为社会资本有两种类型:桥联结型社会资本和结点联结型社会资本。桥联结型社会资本关注行动者的外部网络分析;结点联结型社会资本关注集体内部成员的联系特征。

本研究借鉴学者边燕杰和丘海雄(2000)的观点,将社会资本分为企业联系、政府联系和社会联系。企业联系是指行为者与所在群体外行为人的关系网络,比如加入行业协会,比如在某个社群和组织中的经历。创业团队的企业联系对企业来讲,是独特的、有价值的、难以模仿的资源,能给企业带来许多信息和其他资源(孙俊华等,2009)。政府联系是指与政府之间的关系。政府联系在很多研究里是指政治关联,在转型经济中管理者的政治关联作用重大。因为在转型经济中,法制和市场环境均不完善,大量的战略要素资源无法在市场自由流动,需要由政府控制和分配,且政府有很大的权力,因此在这种情况下政治关联发挥着极其重要的作用(Li et al,2007)。研究发现,社会资本的不同维度对企业绩效的影响有所不同。

基于以上分析,本书提出以下假设:

假设 1a:创业团队的政府联系与企业绩效呈正相关关系。

假设 1b:创业团队的企业联系与企业绩效呈正相关关系。

假设 1c:创业团队的社会联系与企业绩效呈正相关关系。

3.2.2 创业团队社会资本与风投资源获取

创业者的金融资本约束问题很早就被学者认识到,特别是对主要资产是知识产权、以技术为核心竞争力的公司,风险投资对它们尤其具有约束力,因为他们的产品需要大量的资金支持其商业化。很多研究者都已经研究过社会资本在促进金融资源获取(包括更短的等待时间)方面的作用(Shane et al,2002)。对于那些不受资源约束的组织而言,扩大企业规模、企业增长和企业发展都可以通过增加人力资源来解决。然而,对于刚刚起步的新兴企业来说,人力资源有限,因而时间是特别宝贵的资产,创业团队往往要一人多职,负责为其企业筹集资金,同时也负责业务等职能。这些职能范围广泛,包括运营、人力资源管理、客户和供应商之间的关系等。通常创业者需要在组织管理结构(其规模与成长型企业的复杂性成正比)完全专业化之前,一直在这些职责中担任多重角色。因此,在创业团队时间有限的前提下,会为了筹集资金而投入大量时间,这就意味着创业团队将更少的时间用于产品开发。虽然这可能会对某些职责产生积极的溢出效应(例如,在筹集资金的过程中产生社会网络,能有利于推广公司品牌),但一定会影响创业团队执行别的职责,特别是竞争激烈的市场,竞争公司可以被认为是与其他公司竞争将产品推向市场。因此,相对较早地落实财务资源的创业团队能专注于开发他们的产品,专注竞争格局,并提升他们的销售额和营销工作。

创业公司社会资本对风投资源的获得有帮助。有学者梳理了创业团队将创业者的社会网络中获取的资源转化为企业内部可应用资源的过程,指出企业家社会资本通过资源获取对企业绩效产生了积极影响(Adler et al,2002;杨建东等,2010)。创业者社会资本能够帮助新创企业利用外部社会网络关系获得发展所需的各种资源,从而内化成具有难以模仿的、稀缺性的、独特的无形资源。部分学者研究发现,创业企业如果拥有政治关联,则证明了企业经营的稳定性较高、风险较低,具有较大的成长空间和发展潜力。在中国的制度环境下,这能增加投资者的信心,使创业企业更容易获得融资和风投机会。Peng 和 Luo(2000)也表明,有政治关联的企业更容易获得成功,也更容易得到风险投资机构的支持。

董静和孟德敏(2016)认为,拥有政府背景的成员在创业团队中比例越大,有政府背景的风险投资越容易介入。企业吸引风险投资受到了创业团队社会关联的影响,有学者发现,如果创业团队成员与风投方有关系,就更有机会与之面谈。进一步来说,在项目评估阶段,良好的社会关系也会让创业团队更有机会得到资助。不过,社会关联的作用并非始终如一,研究显示,社会关联在风投扫描阶段有显著的积极影响,而在资助阶段这种积极影响会有所下降(胡刘芬等,2018)。新创企业的资源获得与创业团队成员的社会声誉直接相关(Dacin et al,2007),在进行投资决策时,风险投资机构将社会声誉列为重点考察的指标之一,即社会声誉越高,越容易获得风险投资(Certo et al,2007)。

基于以上分析,本书提出如下假设:

假设 2:创业团队社会资本与风投资源获取呈正相关关系。

假设 2a:创业团队的政府联系与风投资源获取呈正相关关系。

假设 2b:创业团队的企业联系与风投资源获取呈正相关关系。

假设 2c:创业团队的社会联系与风投资源获取呈正相关关系。

3.2.3 风投资源获取与企业绩效的关系

对于风险投资和企业绩效有两种不同的看法。

第一种观点认为风险投资的存在对企业绩效产生积极影响。风险资本(VC)不仅可以为投资发展提供必要的公司资金,还能通过参与决策提高企业的价值。在创业过程中,创业公司很少依靠内部的现金流。在创业者可获得的外部资金来源中,风险资本(VC)不仅可以提供他们所需的财务资源,往往还会提供超越财政资源以外的增值服务,帮助提高公司绩效(MacMillan et al,1989;Tyebjee et al,1984;Lerner,1995;Bergemann et al,1998;Gompers et al,2001;De Clercq et al,2006;Schwienbacher,2008;Cumming,2010)。风险投资公司介入与较好的组织结果相关,比如减少获取外部财务资源的等待时间。风险投资除了提供财务资源,还能增加企业价值(Gorman et al,1989;Lerner,1995;Hsu,2004;Keuschnigg et al,2004;Hou et al,

2009;Croce et al,2013)。之前的研究表明,在 VC 投资事件发生后的几个月内,公司的增长速度会加快,这表明对增长的正面选择效应(Davila et al, 2003)。风险投资公司帮助其投资组合公司进行网络、招聘和战略决策(Lindsey,2008;Hellmann et al,2002)。通过与利益相关方(如潜在客户、供应商和员工)进行重要联系,从而提高公司业绩。风险投资公司还可以帮助企业在企业生命周期的后期阶段吸引其他类型的资金,例如通过吸引高质量的承销商进行 IPO(Bottazzi et al,2002;Fan et al,2007;Kroll et al,2007)。此外,风险投资公司可以通过改善治理结构,利用人力资源政策和制定股票期权计划来增加被资助公司的专业化程度(Hellmann et al,2002)。风险投资的知识和技能通常是对企业能力的补充,从而增加被资助公司的绩效(MacMillan et al,2006;Sapienza,1992)。风险投资往往会向那些无法获得传统投资形式资助的公司提供财务资源(Ueda,2004;Wright,1998)。因此,通过获取风险投资资源有利于公司获得其他更多有价值的资源,例如物质资源或人力资源。此外,风险投资公司的投资可以作为一种认可,来增加一家重要公司的合法性。风险投资者通过向潜在利益相关者发出积极信号增加投资后价值(Gompers,1995;Gompers et al,1999;Lerner,1994;Lerner,1995)。

第二种观点认为风险资本对企业绩效没有积极的影响,即风险投资与公司业绩之间不存在重要关系。风险投资主要导致企业增长和更高的估值,而其盈利能力则不受影响(Rosenbusch et al,2013)。与非 VC 支持的企业相比,不但业绩没有增加,甚至 VC 支持的公司表现会更糟糕。使用澳大利亚上市公司的数据发现,有风险投资支持的上市公司和非风险投资支持的公司上市后两年内获利相同,即表明两者之间没有明显差异(Rosa et al,2003)。在新加坡市场,VC 支持的企业经营业绩在首次公开招股和上市后,其风险较非风险投资者为高(Wang et al,2003)。此外,有学者发现,VC 对 IPO 抑价、上市成本、R&D 投入等没有显著的正向影响(Tan et al,2009)。就长期经营业绩而言,有风险投资背景企业的超额回报比没有风险资本支持的企业更差。从投资回报、盈利能力和公司增长三个角度看创业绩效,VC 对投资回报和盈利能力有负面影响,对公司的增长没有显著影响(Hou et al,2009)。

本书认同第一种观点的结论,提出如下假设:

假设 3:风投资源获取与企业绩效呈正相关关系。

3.2.4 风投资源获取的中介作用

由以上分析可知,创业团队社会资本与企业绩效有正相关的影响,创业团队社会资本与风投资源获取有正相关的影响,风投资源获取与企业绩效有正相关的影响,则可得出风投资源获取在其中起中介作用。

创业团队通过社交网络在两个关键方面增强了其获取财务资源的能力。一方面,社交网络提供了关于潜在资金来源的重要信息(Burt,1992,1997;Gulati,2007)。另一方面,这些网络有助于企业获得财务资源和提高其合法性(Larson et al,1993;Zhang et al,2015)。例如,Fried 和 Hisrich(1994)的案例研究指出,风险投资者在面对大量商业计划书时,依赖于社会联系来决定投资哪些初创企业。Woolcock(1998)强调,在资源稀缺的经济欠发达地区,中小企业经常依赖社会资本来获取发展所需的资源。社会资本促进了企业间的信任和网络的形成,从而促进了交易的完成。此外,关系融资理论的学者们也指出,企业获取资金的能力与其社会关系密切相关(Chakravarty et al,1999)。

风险资本(VC)作为创业者获取外部资金的一种方式,不仅提供必要的财务支持,还经常提供额外的增值服务,以提升公司的整体表现(MacMillan et al,2006;Tyebjee et al,1984;Lerner,1995;Bergemann et al,1998;Gompers et al,2001;De Clercq et al,2006;Schwienbacher,2008;Cumming,2010)。研究表明,风险投资的参与与更优的组织成果相关联,例如缩短了获取外部财务资源的时间。此外,风险投资不仅提供资金,还能通过多种方式增加企业价值(Gorman et al,1989;Lerner,1995;Hsu,2004;Keuschnigg et al,2004;Hou et al,2009;Croce et al,2013)。

研究表明,社会资本与新创企业绩效之间并非直接作用关系(杨俊等,2009),资源获取在其中起着中介作用。他们的研究结果指出,社会资本的不同维度会从不同侧面影响关系资源的效率和效果,进而影响新创企业绩效。对于创业企业而言,资金约束是较大的困难。如前文所述,我们把风投资源获取作为中介变量,考量创业团队社会资本的三个维度。

所以,我们提出如下假设:

假设 4:风投资源获取在创业团队社会资本与企业绩效关系中起中介作用。

假设 4a:风投资源获取在创业团队政府联系与企业绩效关系中起中介作用。

假设4b:风投资源获取在创业团队企业联系与企业绩效关系中起中介作用。
假设4c:风投资源获取在创业团队社会联系与企业绩效关系中起中介作用。

3.2.5 行业类别与市场竞争的调节作用

（一）对社会资本和风投资源获取之间关系的调节作用

有研究强调,要从动态情境的视角看待社会资本对企业的价值,其主要关注于外部环境特征,如业务领域、产业情境和所有权类型(Ahuja et al,2000;Florin et al,2003;Peng et al,2000;Rowley et al,2000;Uzzi,1997)。据证监会在2012年对产业分类,创业板上市公司以制造业或服务业为主。而且,在我们的样本里,服务业和制造业以外的企业数量非常少,为使研究更为聚集,本书选取制造业和服务业两类行业。在研究不同的行业类型中,创业团队的资源对企业绩效的影响有差异。Felicio等(2012)发现,相较于其他产业,制造业和建筑业更注重社会资本。Shane等(2002)的研究表明,在不同行业之中,企业的网络关系和声誉给企业带来投资资源的效果不尽相同。有学者认为,在知识密集型企业里,特定的社会资本对增加企业绩效的影响更大(Bosma et al,2002)。对于行业类型如何对创业团队的社会资源获取产生影响,不同研究结论有所不同,但都认同行业类型的影响作用。由于风投比较看重行业的成长和创新性,所以不同行业的社会资本在获取风投资源上的效果有所不同。欧洲的一项关于创新的调查表明,制造业企业的创新重点从高到低依次是产品创新、技术创新、过程创新以及组织创新;服务业则恰恰相反,其创新重点从高到低依次是组织创新、服务创新、过程创新。就创新的主体而言,制造业以企业研发人员为主,很多制造业的创业团队成员都是技术出身,甚至可能是本行业的专家,常常一项专利技术的出世就伴随着一家公司的成立。服务业的创新来源是客户,所以通常由一线服务人员发现创新的机会。

正是由于制造业和服务业在创新侧重点上不同,风险投资对这两个行业的创业团队有不同的评价标准。由于制造业产品标准化,其创新依赖于技术,所以相对而言,创业团队的社会资本并不是第一位的;服务业的创新侧重于服务方式的创新,也就是商业模式的创新,因而对其创业团队的社会资本要求更高,要求其具备整合资源的能力。在研究企业家的社交活动与企业绩效的关系时,何晓斌等(2013)发现行业类型会起影响作用。具体来说,在服务业中,企业家社交活动与企业绩效之间的关系并不显著,而在制造业中二者关系显著。Peng 和 Luo(2000)发现,服务业中管理关联的影响显著比制造业大。由此可见,社会资本对服务业的企业绩效影响更大。

因此,本书提出以下假设:

假设5:在制造业内,创业团队社会资本对风投资源获取的正向影响更显著。
假设5a:在制造业内,创业团队政府联系对风投资源获取的正向影响更显著。
假设5b:在制造业内,创业团队企业联系对风投资源获取的正向影响更显著。
假设5c:在制造业内,创业团队社会联系对风投资源获取的正向影响更显著。

资源依赖理论认为,企业受外部环境的影响,市场竞争作为创业企业重要的中观环境,对创业团队获取风投资源会产生影响。同时,企业高管会过滤和筛选接收到的环境信息,并加以分析和处理,做出有着鲜明个人特点的战略决策。有不少学者研究市场竞争激烈程度对企业融资的影响(Brander et al,1986;赵自强等,2012;陈胜蓝等,2012)。其中 Brander 和 Lewis(1986)最先提出市场竞争状况与公司融资决策有关。然后 Bolton 和 Scharfstein(1990)提出市场竞争会带来的企业间相互掠夺的风险,从而会影响企业的融资行为,并且改变企业与竞争者之间的竞争性依赖关系。他们认为,企业之间最终是对资源的竞争,由于资源的稀缺性,竞争对手之间会产生对资源的掠夺,对财务资源也一样,企业融资约束的程度因为这种竞争而增加。

创业团队社会资本与风投资源获取的传导过程会受到外部环境的影响。Guth 和 Ginsbers(1990)在其提出的公司创业模型中就指出,战略管理中有若干环节对公司创业产生较重要的影响,如环境因素,在环境因素中特别提出竞争因素,并强调了环境因素的调节作用。Chang(2004)发现,市场竞争有助于推动公司发展其社会网络,从而获得更多的资源,弥补其不足,以应对竞争对手的威胁。创业团队拥有越丰富的社会网络资源,越容易在激烈竞争的外部环境中占有优势地位。因此,在竞争性较高的市场环境中,社会关系网络对资源获取的作用更明显。

市场竞争体现了市场机制作用。在激烈的市场竞争中,创业团队不仅需要具备处理传统市场竞争的基本能力,同时还要具备拓展未来市场竞争力的能力,并且具备动态地调整并创建的功能。对于创业企业而言,要在激烈的市场竞争环境中生存并获取核心竞争力,需要比竞争对手更快地发现并把握市场机会,竞争越激烈,对稀缺资源的争夺越白热化。创业企业可能会将更多时间和精力用于发展社会资本,从而企业能从社会网络中获取更多信息和稀缺资源,有利于企业获得更多风险投资。因此,在竞争激烈的市场环境里,风险投资可能会更加关注创业团队的社会资本,这有利于企业获得风险投资资源。

因此,本研究提出以下假设:

假设6:在竞争激烈的市场环境里,创业团队社会资本对风投资源获取的正向影响更显著。

假设6a:在竞争激烈的市场环境里,创业团队政府联系对风投资源获取的正向影响更显著。

假设6b:在竞争激烈的市场环境里,创业团队企业联系对风投资源获取的正向影响更显著。

假设6c:在竞争激烈的市场环境里,创业团队社会联系对风投资源获取的正向影响更显著。

(二)对风投资源获取和绩效之间关系的调节作用

风投不会平均的投资于所有行业,而是选择特定的行业。Lee 和 Wahal(2004)指出,VC集中在某些行业,如软件和生物技术,而其他行业的公司(如酒店和住宿)通常不接受任何风险投资。其他的研究表明,风投特别喜欢选择投资技术型的快速增长的行业(Gompers,1995;Roberts et al,2004;Zacharakis et al,2007)。这些特定的行业与一般经济相比,提供了更有希望的成功率(Shane,2009;Zacharakis et al,2007)。

竞争越激烈,企业治理效率越高。竞争能够让有限的资源得到更好的分配,从而减少企业的不必要支出,以达到提升企业治理效率的目的。特别是由于竞争有限,新兴产业可能会成为投资的沃土,如果企业在行业内的经验是有限的,而风投拥有类似的行业经验,则风投会用自己的资源来提升企业的行业地位,使他们成为新兴行业的领袖,获得快速成长的机会。因此,提出如下假设:

假设7:在制造业内,风投资源获取对企业绩效的正向影响更显著。

假设8:在竞争激烈的市场环境里,风投资源获取对企业绩效的正向影响更显著。

3.3 理论框架与实证模型

3.3.1 理论框架

本书基于以往相关研究,进一步探讨创业团队社会资本对企业绩效的影响,以及风险资本获取的中介作用。通过总结已有文献的研究结论,尝试回答现有研究还没完全解决的两个基本问题:(1)创业团队社会资本以什么方式对企业绩效产生影响?(2)在何种情境下,这种影响更为显著?

具体而言,可将拟解决的关键问题界定如下:

(1)创业团队社会资本对企业绩效作用的途径

已有研究更关注个人创业,在创业团队层面的研究成果并不多。而且,已有研究更关注创业者个人行为特点,对于创业团队行为因素探索不足。这使得创业团队行业的黑箱未完全被打开,有关创业团队社会资本通过什么方式影响企业绩效的研究成果有限。因此,有学者认为,随着外部环境的更加模糊和动态,依赖和强调非正式网络形成的社会关系资源作用正在减弱(Peng et al,2000)。而其他学者却指出,在以不确定性为特征的转型期,关系依赖的作用更大。因为在社会转型期,社会资本对正式制度存在替代作用,创业企业更需要建立关系网络来获取重要资源并抵御创业风险。中国经济正处于转型升级的重要阶段,需要深入研究创业团队社会资本是否对创业企业绩效起作用,创业团队不同维度的社会资本通过哪种路径,如何影响创业企业绩效。

(2)创业团队社会资本的作用维度研究

由于社会资本的内涵较丰富,研究者们根据社会资本不同的定义以及分类方式,对社会资本的不同维度进行研究,这会导致社会资本的测量方式不统一,不同的学者从不同维度研究社会资本,所以得出的结论也不尽相同。如很多学者倾向于用单个变量作为创业团队社会资本测量的代理变量,如创业团队是否存在金融关联或政治关联等,未能从创业团队社会资本的不同维度系统揭示其对企业绩效的影响。本书用中国最早研究社会资本的学者边燕杰对社会资本的分类方法,对创业团队社会资本进行分类,并验证这种分类方式下社会资本各维度对企业绩效的影响。

(3) 资源获取在创业团队社会资本与企业绩效关系中的中介作用

由于创业公司的资源约束，从公司外部获取资源被认为是创业的重要任务，企业的成长过程就是企业不断发掘所需资源、获得持续增长的过程，但很少有研究去了解资源是通过什么获取的，对创业企业绩效产生何种影响。在创业企业的资源中，财务资源是重要的稀缺资源，创业者缺乏资金支持，或者没办法获得最优的资本结构，这些因素都会导致创业企业陷入财务危机，从而引发一连串负面效应，最后导致创业失败。创业理论也认为，资金资源的约束是创立企业的关键瓶颈因素，如何获取资金资源是新创企业面临的重要难题。对于创业企业而言，风投资源获取是获得奖金的重要方式，本书研究风投资源在创业团队社会资本与企业绩效关系中的中介作用。

(4) 创业团队社会资本对企业绩效作用机制的影响因素研究

在对创业团队资本与企业绩效的关系机制研究时，外部因素需要被考虑在其中。已有的研究主要考察地理区域、外部政治制度、所处行业等因素对创业团队社会资本与企业绩效关系的影响（Ahuja et al, 2000；Florin et al, 2003）。还有研究把市场竞争也考虑进来，因为市场竞争是创业公司所面临的中观环境，对创业公司有直接的影响，体现环境的复杂度。创业团队面对越激烈的市场竞争，越需要具备可延展、易调整和有创造性的动态能力。我们将行业类型和市场竞争作为调节变量，验证创业团队社会资本对企业绩效的影响作用。

基于以上分析，本书提出整合的理论分析框架，以有效解决上述问题，如图3-1所示。

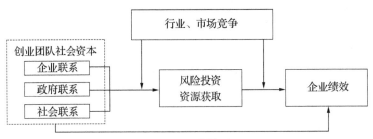

图3-1 理论模型图

3.3.2 实证模型

检验假设 1a、1b、1c 的回归方程如公式(5-1)所示：

$$Perform = \alpha_0 + \alpha_1 Tsiz + \alpha_2 Psth + \alpha_3 Csiz + \alpha_4 Dar + \alpha_5 Year + \alpha_6 Hcon + \alpha_7 Vcon + \alpha_8 Scon + \varepsilon \quad (5-1)$$

检验假设 2a、2b、2c 的回归方程如公式(5-2)所示：

$$Vc = \alpha_0 + \alpha_1 Tsiz + \alpha_2 Psth + \alpha_3 Csiz + \alpha_4 Dar + \alpha_5 Year + \alpha_6 Hcon + \alpha_7 Vcon + \alpha_8 Scon + \varepsilon \quad (5-2)$$

检验假设 3 的回归方程如公式(5-3)所示：

$$Perform = \alpha_0 + \alpha_1 Tsiz + \alpha_2 Psth + \alpha_3 Csiz + \alpha_4 Dar + \alpha_5 Year + \alpha_6 Vc + \varepsilon \quad (5-3)$$

检验假设 4 的回归方程如公式(5-4)所示：

$$Perform = \alpha_0 + \alpha_1 Tsiz + \alpha_2 Psth + \alpha_3 Csiz + \alpha_4 Dar + \alpha_5 Year + \alpha_6 Hcon + \alpha_7 Vcon + \alpha_8 Scon + \alpha_9 Vc + \varepsilon \quad (5-4)$$

检验假设 5a、5b、5c 的回归方程如公式(5-5)、(5-6)、(5-7)所示：

$$Vc = \alpha_0 + \alpha_1 Tsiz + \alpha_2 Psth + \alpha_3 Csiz + \alpha_4 Dar + \alpha_5 Year + \alpha_6 Hcon + \alpha_7 Indu + \alpha_8 Hcon * Indu + \varepsilon \quad (5-5)$$

$$Vc = \alpha_0 + \alpha_1 Tsiz + \alpha_2 Psth + \alpha_3 Csiz + \alpha_4 Dar + \alpha_5 Year + \alpha_6 Vcon + \alpha_7 Indu + \alpha_8 Vcon * Indu + \varepsilon \quad (5-6)$$

$$Vc = \alpha_0 + \alpha_1 Tsiz + \alpha_2 Psth + \alpha_3 Csiz + \alpha_4 Dar + \alpha_5 Year + \alpha_6 Scon + \alpha_7 Indu + \alpha_8 Scon * Indu + \varepsilon \quad (5-7)$$

检验假设 6a、6b、6c 的回归方程如公式(5-8)、(5-9)、(5-10)所示：

$$Vc = \alpha_0 + \alpha_1 Tsiz + \alpha_2 Psth + \alpha_3 Csiz + \alpha_4 Dar + \alpha_5 Year + \alpha_6 Hcon + \alpha_7 Comp + \alpha_8 Hcon * Comp + \varepsilon \quad (5-8)$$

$$Vc = \alpha_0 + \alpha_1 Tsiz + \alpha_2 Psth + \alpha_3 Csiz + \alpha_4 Dar + \alpha_5 Year + \alpha_6 Vcon + \alpha_7 Comp + \alpha_8 Vcon * Comp + \varepsilon \quad (5-9)$$

$$Vc = \alpha_0 + \alpha_1 Tsiz + \alpha_2 Psth + \alpha_3 Csiz + \alpha_4 Dar + \alpha_5 Year + \alpha_6 Scon + \alpha_7 Comp + \alpha_8 Scon * Comp + \varepsilon \quad (5-10)$$

检验假设 7 的回归方程如公式(5-11)所示：

$$Perform = \alpha_0 + \alpha_1 Tsiz + \alpha_2 Psth + \alpha_3 Csiz + \alpha_4 Dar + \alpha_5 Year + \alpha_6 Vc + \alpha_7 Indu + \alpha_8 Vc * Indu + \varepsilon \quad (5-11)$$

检验假设 8 的回归方程如公式(5-12)所示：

$$Perform = \alpha_0 + \alpha_1 Tsiz + \alpha_2 Psth + \alpha_3 Csiz + \alpha_4 Dar + \alpha_5 Year + \alpha_6 Vc + \alpha_7 Comp + \alpha_8 Vc * Comp + \varepsilon \quad (5-12)$$

3.4 本章小结

根据研究主题，本章首先对核心概念进行界定，并进一步明确研究问题。通过总结已有文献的研究结论，本书尝试提出并解决学术界还没有一致结论的两个基本问题：创业团队社会资本是否会对企业绩效产生显著影响？创业团队社会资本通过什么途径对企业绩效产生影响？本章将问题进行整合，并提出创业团队社会资本对企业绩效影响的理论分析模型。从创业团队社会资本的角度出发，探索什么样的创业团队能取得好的企业绩效？资源获取在社会资本发挥到绩效的过程中起到了什么作用？有什么情境因素会影响这一过程？基于理论模型，通过对已有理论的分析，提出7组23个假设，具体如表3-1所示。

表3-1 假设汇总表

假设	内容
假设1	创业团队社会资本与企业绩效呈正相关关系。
假设1a	创业团队的政府联系与企业绩效呈正相关关系。
假设1b	创业团队的企业联系与企业绩效呈正相关关系。
假设1c	创业团队的社会联系与企业绩效呈正相关关系。
假设2	创业团队社会资本与风投资源获取呈正相关关系。
假设2a	创业团队的政府联系与风投资源获取呈正相关关系。
假设2b	创业团队的企业联系与风投资源获取呈正相关关系。
假设2c	创业团队的社会联系与风投资源获取呈正相关关系。
假设3	风投资源获取与企业绩效呈正相关关系。
假设4	风投资源获取在创业团队社会资本与企业绩效关系中起中介作用。

续表

假设	内容
假设 4a	风投资源获取在创业团队政府联系与企业绩效关系中起中介作用。
假设 4b	风投资源获取在创业团队企业联系与企业绩效关系中起中介作用。
假设 4c	风投资源获取在创业团队社会联系与企业绩效关系中起中介作用。
假设 5	在制造业内,创业团队社会资本对风投资源获取的正向影响更显著。
假设 5a	在制造业内,创业团队政府联系对风投资源获取的正向影响更显著。
假设 5b	在制造业内,创业团队企业联系对风投资源获取的正向影响更显著。
假设 5c	在制造业内,创业团队社会联系对风投资源获取的正向影响更显著。
假设 6	在竞争激烈的市场环境里,创业团队社会资本对风投资源获取的正向影响更显著。
假设 6a	在竞争激烈的市场环境里,创业团队政府联系对风投资源获取的正向影响更显著。
假设 6b	在竞争激烈的市场环境里,创业团队企业联系对风投资源获取的正向影响更显著。
假设 6c	在竞争激烈的市场环境里,创业团队社会联系对风投资源获取的正向影响更显著。
假设 7	在制造行业内,风投资源获取对企业绩效的正向影响更显著。
假设 8	在竞争激烈的市场环境里,风投资源获取对企业绩效的正向影响更显著。

第四章 研究设计

4.1 样本选择与数据来源

本书将2009—2017年创业板上市的企业选取为样本开展研究。这样选择的原因有三个:

第一,从2009年创业板正式上市到2017年年底的创业板数据,跨度时间较长,样本数较大,能增强数据的有效性。另外,近几年是中国创业发展的顶峰时期。在2014年9月的达沃斯论坛上,国务院总理李克强发出"大众创业,万众创新"的号召。在2015年年初的两会上,李克强总理正式在政府工作报告中提出,要把创业创新推动打造成中国经济引擎之一。此后,在国家的全力扶持下,创业发展如火如荼,形成了中国经济的新浪潮和新态势。

第二,创业板的企业是创业企业中成功存活且获得融资的典型代表,和本研究的对象相符。首先,创业板上的企业均为中小企业,而且受创业板上市条件限制,大部分是高科技企业,且具有较大成长性。其次,这与学术界的认识一致,创业企业是指处于创业阶段,有风险同时又高增长的创新型企业。所以创业板的企业符合创业企业的定义。

第三,本研究的目的是分析创业团队的何种社会资本能促进风险资本的获取,并提升企业绩效。而创业板正是为高科技产业企业和中小企业提供融资和发展平台的证券交易市场,创业板通过改善中小企业融资条件,为这些创业中的中小企业提供成长空间和融资途径,因此创业板的平台功能也能满足本书的研究目的。不同的创业板企业在融资资源获取上有所不同,企业绩效也有所不同,这样的差异性是研究的前提。

本书的数据来源共有两个:国泰安CSMAR和招股说明书(巨潮资讯网下载)。因为我们的研究对象是创业团队,所以数据以IPO的时点为准。从CSMAR的"公司研究系列"数据库中收集有关创业板公司的基本信息,如上市时间、公司年限、公司规模、企业财务绩效、所在行业和市场等特征,特别是从"公司研究系列"中的"首次公开发行"数据里收集上市时企业和创业团队的特征。从 CSMAR 的"人物特征系列"数据库中收集创业团队的数据,如高管团队人数、政治背景、任职背景、金融背景、高管简历等,并从高管简历中进一步筛选高管曾经任职的机构性质和任职经历。从各公司的招股说明书中收集高管曾任职的企业、岗位经验、融资相关数据。需要说明的是,为了提高数据的准确度,每个数据都尽量从两个数据源获取,并进行比对。比如高管团队在招股说明书和 CSMAR 上均有数据,则会分别获取所需数据进行比对,以校验数据。只有一种数据源的,会使用两种方法对数据进行整理,以增强数据收集的有效度。两种方法分别是人工整理和计算机爬虫技术。其中,人工整理对数据的内容把握较精准,但时间较长,且会有人为误差产生;计算机爬虫技术处理时间较短,准确度高,但对未归纳的关键词或者模糊语义把握不准,所以需要人工整理作补充。

2009—2017 年创业板公司共上市 710 家,样本特征描述如下:创业板的公司分为 6 个行业,分别是制造业,服务业,建筑业,农、林、牧、渔业,采矿业,电力、热力、燃气、水生产和供应业。其中最多的是制造业(501 家)和服务业(188 家),剩下为其他行业。其中服务业具体分为:信息传输、信息技术和软件服务业(126 家),科学研究和技术服务业(15 家),水利、环境和公共设施管理业(13 家),文化、体育和娱乐业(13 家),租赁和商务服务业(9 家),批发和零售(7 家),卫生和社会工作(3 家),交通运输、仓储和邮政业(2 家)。企业的地域大部分汇聚在长三角、珠三角和京津冀地区,其中长三角创业板企业主要集中在江苏省(95 家)、上海(46 家)、浙江省(80 家),珠三角地区主要

表 4-1 创业板企业总体特征(截至 2017 年)

企业总体特征分布表					
产业分布	制造业	501 家	地区分布	长三角	235 家
	服务业	188 家		珠三角	162 家
	建筑业	8 家		京津冀	114 家
	农、林、牧、渔业	7 家		其他	199 家
	采矿业	4 家			
	电力、热力、燃气及水生产和供应业	2 家			

集中在广东省(162家),京津冀地区主要集中在北京(96家),其他省份主要有山东省(30家)、四川省(26家)、福建省(26家)、湖南省(24家)、湖北省(21家)、河南省(12家)、辽宁省(11家)。

我们对样本按如下方式进行整理筛选。首先剔除了两家股票退市的公司:大华农(股票代码300186,2015年11月2日退市)和欣泰(股票代码300372,2017年8月28日退市),同时剔除数据严重缺失的公司。由于行业分布主要为制造业和服务业,其他行业只有22家,所以我们将研究聚集在服务业和制造业,删除了其他22家行业。总共获得有效样本689家,具体信息如表4-2所示。

表4-2 样本整理后的企业总体特征

企业总体特征分布表					
产业分布	制造业	501家	地区分布	长三角	230家
				珠三角	156家
	服务业	188家		京津冀	109家
				其他	194家

4.2 变量的测量

4.2.1 自变量

最早提出企业社会资本问题的是中国学者边燕杰,他将社会资本从国外引入中国,推动了社会资本理论在中国的发展。他认为,社会资本是行为人与社会的联系以及一种能力,此能力让行为人能借助社会联系获得稀缺资源。企业社会资本是企业通过社会联系获取稀缺资源的能力,企业的社会资本指的就是这种能力(边燕杰等,2000)。他们将企业的社会资本分为三类:横向联系、纵向联系以及社会联系。具体来说,横向联系指的是与企业外其他企业的联系,如参加行业协会;纵向联系是指企业与其上下级部门之间的关系,如上级政府领导机关以及下级单位的联系;企业的社会联系,指的是除政府、横向联系之外,企业的其他社会联系。本书借鉴边燕杰学者这种广受认可的分类方法,从政府联系、企业联系、社会联系三个维度对社会资本进行测量。

社会资本的量化研究作为学术界的争议问题,迄今没有一个标准统一的测量方法。社会学界往往用问卷调查的方式采集数据,管理学界往往用案例分析和问卷调查这两种测量方法,有学者以问卷调查为主、公开的二手数据为辅的方式进行采集数据。总的来说,问卷调查为主要的社会资本数据收集方式。虽然用问卷调查能够得到直接的问题答案,但也存在受访者对问题的理解主观性强、数据准确度不高的缺点。本书的数据采集使用创业板上市公司公开的财务数据和高管特征数据,采用经过以往文献验证过的代理变量来将社会资本进行量化。由于数据本身的客观性和准确性,二手数据研究方法能够提高数据的可信性、客观性与可操作性,从而为问卷调查方法得出的研究结果进行补充。

使用公开的二手数据对社会资本进行测量的学者是这么量化社会资本的:有学者用企业法人代表有没有在上级领导机关任职过来衡量政府联系;用企业的法人代表有没有同时兼任其他企业的领导岗位来衡量企业联系;用企业法人代表有没有其他的社会关系来衡量社会联系(徐超等,2014)。还有学者通过董事长有没有在相关政府部门中的任职经历来衡量企业家的政府网络关系;用董事长的跨企业任职规模(即曾工作过的企业总数)来衡量企业网络关系;社会联系以董事长是否具有政协委员身份或人大代表身份来衡量其社会政治身份,社会联系中的企业家社会声誉采用公司年报中的无形资产来衡量(孙俊华等,2009)。本书借鉴学者的已有研究成果,从如下三个维度对社会资本进行测量。

(一) 政府联系测量

政府联系对应边燕杰社会资本分类中的纵向关系,具体是指企业外上下级相关部门的关系的界定,并参考徐超和池仁勇(2014)、孙俊华和陈传明(2009)对企业社会资本的测量,把企业法人、董事长的政府任职经历作为企业的社会资本,这与邓新明等(2014)的观点一致,认为创业团队的政治关联是按照团队成员的政治背景来衡量的。甚至有学者认为社会资本就是企业与政府之间的关系,即用上市公司中董事、监事或其他高管是不是前任或现任的政协委员或者人大代表,曾经或现在是否在政府部门任职,来测量企业与政府关系的社会资本(杜兴强等,2009;Fan et al,2007;Faccio et al,2006)。

由于政府从行政管辖上对企业有管理权限,因而企业从建立到发展都需要跟政府相关部门打交道,所以政府属于企业的上级关系。如若创业团队有政府等相关部门的工作经历,对于克服新进入缺陷、降低行业进入壁垒、寻求企业产权保护和获取战略性资源等都有着重要的帮助,有政府的工作经历无疑是一种重要的社会资本。学者们认为,在政府相关部门的任职经历可以代表政府联系,政府部门任职包括曾任人大代表、政协委员,以及有过政府机构的行政级别任职或者工作经历。因此本书通过创业团队在政府部门中的任职经历规模(即创业团队中有政府任职经历的人数)作为政府社会联系的代理变量。

(二) 企业联系测量

企业联系对应边燕杰社会资本分类中的企业横向关系,具体是指企业与其他企业的关系。企业联系有助于企业内外信息的沟通,同时还能帮助企业通过外部资源解决资源短缺的问题,有利于企业整合外部资源,应对各种突发事件。按照结构洞理论,如若企业能占据结构洞的位置,那么就能带来企业外部的社会资本。借鉴徐超和池仁勇(2014)用企业法人有没有在其他企业担任过领导职务作为横向网络的代理变量,以及孙俊华和陈传明(2009)用董事长的跨企业任职规模(即曾在其他企业工作过的企业总数)来作为横向关系的代理变量。这与其他学者的观点一致,可以用团队成员同时在其他企业任职的数量总和来代表横向联系(高凤莲等,2016)。

由以上分析可知,学者们常用企业内部成员在外界的任职经历作为企业横向关系的代理变量,因此本书用创业团队成员在其他公司的任职规模(即创业团队成员在其他公司任职的总数)来衡量创业团队企业关系。

(三) 社会联系测量

边燕杰和丘海雄(2000)界定社会联系是除横向联系、纵向联系之外的另外一种与外界的联系。他们用企业法人是否有广泛的社会联系和交往来表示社会关系。鉴于企业商誉是企业无形资产的一部分,而且在无形资产中占有很大的比率,所以用上市公司年报中的无形资产来测量社会联系(孙俊华等,2009)。他们认为,社会联系以董事长是否具有政协委员身份或人大代表身份来衡量其社会政治身份,社会联系中的企业家社会声誉采用公司年报中的无形资产来衡量。有学者用企业法人代表有没有其他的社会关系来衡量社会联系(徐超等,2014)。还有学者认为社会关系包括与金融机构的关系(尹宏祯,2017)。也就是说,企业的社会声誉和商誉、与其他机构的联系常被作为社会联系的测量标准。

由于创业企业并不具备很强的品牌知名度,导致商誉这项指标较弱。同时,社会政治身份属于政府联系,所以综合学者们的观点,结合我们的研究重点,本书用企业与金融机构的关系来作为社会关系的测量。

综上,本书对社会资本的测量如表4-3所示。

表4-3 创业团队社会资本的测量

社会资本的维度	代理变量	定义	赋值说明
政府联系	政府任职经历	创业团队成员在政府部门中的任职经历规模(即创业团队中有政府任职经历的人数)	有,赋值为1 无,赋值为0 计算1的总数
企业联系	企业之外的任职经历	创业团队成员在其他公司的任职规模(即创业团队成员在其他公司任职的总数)	有,赋值为1 无,赋值为0 计算1的总数
社会联系	金融机构任职经历	创业团队成员在金融机构的任职规模(即创业团队成员在金融机构任职的总数)	有,赋值为1 无,赋值为0 计算1的总数

4.2.2 因变量

企业绩效被广泛作为创业研究中的因变量,但不同研究对绩效的衡量有所不同。起初,研究人员使用公司级绩效指标和团队级绩效指标来衡量。公司级绩效的衡量指标包括关键事件(如获得风险投资和IPO)、组织生存、增长、盈利能力和产品创新。Beckman等(2007)并没有直接衡量财务业绩,而是选择了获得风险投资和上市(IPO)作为风险投资业绩衡量的标准,因为它们代表了年轻人创业生涯中最重要的里程碑公司。团队级绩效评估包括团队有效性、团队生产力及团队稳定性。团队成员如何评估自己的团队对创业团队来说很重要,如果团队成员对自己的团队进行负面评估,团队可能会因此解散(Foo et al,2006)。在一些研究中,自评团队效能(Chowdhury,2005;Foo et al,2006)和团队生产力(Davis et al,2009)被用作团队绩效的测量标准。

学术界面临的一个难题是如何划分创业绩效的结构维度(Chakravarthy,1986),如果不界定好这个问题,就无法选择合适的绩效评价指标衡量创业的产出。例如,在评估新创企业是否成功时,研究者遭遇了很多困难(Snell et al,1995),诸如不易获取可靠数据、缺乏可比性(Pelled et al,1999),有关绩效的信息与指导原则在创业领域中比较鲜见(Huselid,1995)。

对本书来说,对创业绩效的界定就以选取何种指标来衡量创业绩效为切入点进行展开。Murphy等(1996)分析创业研究领域1987—1993年间因变量为创业绩效的71篇实证文献后发现,没有一篇文献采用了五维到八维的绩效维度结构,其中31篇仅用到了一维到二维的绩效维度分析。他们认为,创业中的很多现象无法用单一的绩效指标去解释,需要用多维绩效测量才能在一定程度上说明。Murphy等(1996)建议对创业绩效的研究:第一,考虑更多创业绩效的维度,合理选择维度以增加研究的可靠性;第二,要加入创业绩效的控制变量项,如企业规模、行业等对创业绩效的影响。学者们普遍认同Murphy的观点,并在此基础上提出了衡量创业绩效的三个维度:生存性、成长性和营利性。新创企业能生存下来是第一要务,由于新进入缺陷以及资源相对较少,能够生存下来即企业成功的衡量标准之一;Zahra(1996)认为,在实现增长和盈利能力之间可以进行权衡,这两者都可以表征公司业绩的不同方面。

本书不考虑生存绩效,因为虽然生存绩效是新创企业绩效指标中非常重要的维度,但考虑到本研究的取样是上市公司,而且是已经存活下来的公司,所有样本在这一指标上是无差异的。所以,本书选择成长与盈利指标。Brush(1998)用企业利润的增长、销售额的增长、企业资产的增长等指标衡量企业绩效。Robinson(1999)用利润率、销售额、投资回报率、投资收益率等指标衡量企业绩效。

结合公开财务数据的优势,本书参考孙俊华和陈传明(2009)的文章,将息税前利润、净资产收益率、资产净利率、资产收益率和销售净利率等企业绩效指标作为代理变量,本书将净资产收益率ROA、每股收益EPS、可持续增长率SGR、TobinQ作为绩效(Performance)衡量指标。

4.2.3 中介变量

在本研究中,我们探讨了风险投资的获取资源作为中介变量。对于创业企业而言,融资难是一个普遍存在的问题,这促使学术界深入研究创业者如何获取必要的创业资金。美国在创业融资领域的发展较早,其融资市场相对成熟,尤其是硅谷等创业孵化基地在全球范围内都处于领先地位。美国学者对创业融资的研究也相对较早,他们发现尽管存在多种融资方式,如政府资助、银行贷款、民间资本和融资租赁等,但创业者最倾向于通过吸引风险投资来融资。这是因为相较于银行贷款,风险投资能为中小企业提供更全面的资金支持(Ueda,2004)。

风险投资不仅提供资金,还在多个方面对创业企业产生积极影响,包括但不限于招募关键人才、开发商业模式、与客户和投资者建立联系,以及提供行业深度知识(Florida et al,1998;Hellmann et al,2002;Hsu,2004;Sorensen,2007)。这些增值服务对于创业企业的成长至关重要,尤其是在资源匮乏的经济欠发达地区,中小企业之间的信任和网络建立在社会资本的基础之上,通过社会资本促进交易的完成。

此外,风险资本的介入与企业绩效的提升有关,包括减少获取外部财务资源的时间和增加企业价值。风险资本的增值服务不仅限于财务支持,还包括提供战略指导、市场拓展、管理咨询等,这些都有助于提高企业的竞争力和市场地位。

综上所述,风险资本的资源获取在创业企业获取财务资源中扮演着重要角色,不仅提供必要的资金支持,还通过增值服务促进企业的整体发展和绩效提升。

中介变量通过判断企业上市时前十大股东中是否存在风险投资公司,并用前十大股东中风险投资公司投资额的对数作为测量。对于如何辨别股东中的风险投资机构,借鉴吴超鹏等(2012)的做法:先从持股人的公司名称上判断,如果出现"创投""资本管理""创业投资""风险投资""资本投资"等关键词,就算作是有风险投资公司。然后,从没有风险投资股东的公司里继续查找有可能是投资公司的股东。虽然前十大股东中其他名字上不存在投资相关词语,但有可能是投资公司的,通过查看其经营范围判断其是不是投资公司。根据以上步骤来测量股东中风险投资公司的数目。

4.2.4 调节变量

第一个调节变量是行业类型。在研究社会资本对企业绩效的影响时,现有研究主要考察制度环境、产业类型、区域位置等外部因素的影响作用(Ahuja et al,2000;Florin et al,2003)。将行业类型作为调节变量,根据证监会《上市公司行业分类指引》将行业分为十三大类,通过分析国家统计局在

1985 年发布的《关于建立第三产业统计的报告》中对服务业的定义,发现创业板上市公司中除制造业、采矿业、农林牧渔业、建筑业以外,其他均属于服务业。由于制造业、服务业之外的其他行业只有 21 家,我们根据样本的特征,只保留了服务业和制造业两大类,并将这两大类行业进行行业聚集,服务业赋值为 0,制造业赋值为 1。

第二个调节变量是市场竞争。行业内的企业数量会影响企业竞争的程度,进而影响企业对资源获取的态度和选择。市场竞争越大的行业,行业密集度就越高,因为企业数量较多,所以企业间竞争激烈。行业内的企业之间会对外部资源进行激烈的争夺,资源会变得更加稀缺,获取成本更高。他们不仅会对外部资源进行竞争,还会对客户和利润进行争夺。整个行业的竞争程度可以用行业内的企业数量反映。本书参考 Cremers 等(2007)和 Balakrishnan 等(2009)的研究方法,把创业企业上市当年同行业内企业的总数作为行业竞争程度的代理变量。

4.2.5 控制变量

样本公司和个人的特征需要在统计分析中得到控制,因为它们可能会对这项研究中的因变量产生影响(即创业企业绩效)。本书总共控制了影响创业团队社会资本及资源获取的两个特征的五个变量。第一个特征是企业内的特征,即团队规模和第一股东持股比。研究表明,群体内部社会结构的密度与团队规模呈负相关关系,而外部社会结构的密度与团队规模呈正相关关系。那么就需要控制团队规模对社会资本的影响,用创业团队人数测量团队规模。第二个特征是公司特征,包括公司年限、公司规模和资产负债。成熟的大公司有更多时间来开发对盈利性运营和创新至关重要的项目,例如销售、现金、股权和其他资产。其中公司规模用公司员工人数测量,公司年限用公司成立时间和上市时间之间的差值测量。

为了避免极端值对数据分析结果的影响,对所有变量进行了双向 1% 的 Winsorize 处理(一种处理离群值的数据处理方法)。为避免上市后的干扰因素,需获取创业团队的原始数据,即社会资本和风险投资取 IPO 时 t 期的数据;考虑到风投产生效果需要一定的时间,所取绩效采用 $t+1$ 的数据。将以上所有变量的类型、名称、代理变量、代码名称及变量说明汇总如下,见表 4-4。

表 4-4　所有变量汇总

变量类型	变量名称	代理变量	代码名称	变量说明
因变量	企业绩效	资产收益率	ROA	ROA=净利润/总资产平均余额
		净资产收益率	ROE	ROE=税后利润/所有者权益
		TobinQ	TQ	TobinQ=市值A/(资产总计—无形资产净额—商誉净额)
自变量	创业团队社会资本	政府联系	Vcon	政府任职经历,取高管团队政府任职经历的总数
		企业联系	Hcon	企业之外任职经历,取高管团队跨企业任职经历的总数
		社会联系	Scon	金融机构任职经历,取高管团队金融机构任职的总数
中介变量	资源获取	风险投资	VC	前十大股东里风险投资额的常用对数
调节变量	行业类型	服务业	Indu	服务业记为0,制造业记为1
		制造业		
	行业竞争	竞争水平	Comp	行业内企业数量总和的常用对数
控制变量	创业团队内部特征	高管团队规模	Tsiz	高管团队人数总和
		第一股东持股比例	Psth	第一大股东持股比例
	公司特征	公司规模	Csiz	上市时公司员工数的常用对数
		资产负债率	Dar	Dar=负债总额/资产总额
		公司年限	Year	公司从创立到上市的时间

4.3　描述性统计

所有变量的描述性统计如表4-5所示,表中列示了各变量的最大值、最小值、均值和标准差等。

表 4-5　描述性统计

变量	个案数	最小值	最大值	平均值	标准差
Tsiz	689	5.00	41.00	18.58	5.95
Psth	689	4.15	81.18	33.91	12.57

续表

变量	个案数	最小值	最大值	平均值	标准差
Csiz	689	1.60	4.92	2.71	0.35
Dar	689	7.25	85.10	49.20	13.23
Year	689	0.00	32.00	10.37	5.20
Indu	669	0.00	1.00	0.28	0.45
Comp	689	1.56	2.11	1.96	0.15
Vcon	689	1.00	48.00	30.46	7.44
Hcon	689	1.00	14.00	11.27	2.49
Scon	689	14.00	38.67	25.68	3.91
VC	689	0.37	11.79	2.55	1.13
Roa	689	0.11	1.23	0.31	0.12
Roe	689	−0.86	1.48	0.21	0.33
TQ	689	1.48	32.38	5.11	3.20

从描述性统计数据中可以得出如下结论：

第一，从控制变量来看，创业团队最少5人，最多41人，平均18.58人，这表明创业团队规模差距较大。公司员工数最少40人，平均879人，这表明创业板公司基本为中小型公司，其中员工数最多的一家8万多人（股票代码300433），是因为包含全资子公司、控股子公司，由于数量级差异大，所以取常用对数进行统计。第一大股东平均持股33.91%，最少4.15%，最多81.18%，差异较大。资产负债率最小7.25%，最多85.10%，也存在比较大的差异。公司从成立到上市的年限从0到32年，平均10年左右。0是因为取值时取整数，成立1年内的公司均记为0，这项值的差异也较大。

第二，从调节变量来看，行业类型分两种：服务行业与制造行业。当市场竞争度存在差异时，表明样本所处行业竞争度差异不尽相同。

第三，从自变量来看，创业团队无论在企业联系、政府联系还是社会联系上都存在较大差异，并且最少的联系数为0，平均在4人左右。

第四，从因变量来看，有公司亏损，有公司盈利。

第五，从中介变量来看，风险投资金额从0.37到11.79，差异也比较大。

总的来说，各变量分布差异较大，具备了分析的前提。

为了检验假设，对变量的相关性进行分析，相关系数分析见表4-6。通

表 4-6　相关系数表

	1	2	3	4	5	6	7	8	9	10	11	12	13	14
1. Tsiz	1													
2. Psth	−0.009	1												
3. Csiz	0.028	0.037	1											
4. Dar	0.028	−0.014	0.081*	1										
5. Year	−0.111**	0.012	0.075	0.021	1									
6. Indu	0.002	0.006	0.015	−0.103**	−0.008	1								
7. Comp	−0.169**	−0.001	0.018	−0.043	−0.011	−0.075	1							
8. Vcon	−0.798**	0.018	−0.013	−0.052	0.166**	−0.007	0.146**	1						
9. Hcon	−0.329**	−0.051	−0.017	−0.001	0.084*	0.068	−0.005	0.361**	1					
10. Scon	−0.607**	0.034	0.013	−0.014	0.591**	0.009	0.069	0.767	0.452**	1				
11. VC	−0.068	0.011	0.020	−0.031	0.166**	0.022	−0.129**	0.148**	0.077**	0.179**	1			
12. Roa	−0.285**	−0.025	−0.001	−0.047	0.185**	0.041	−0.081*	0.424**	0.199**	0.385**	0.902**	1		
13. Roe	−0.169**	−0.067	0.002	−0.029	0.047	−0.031	−0.009	0.201**	0.070	0.171**	0.304**	0.366**	1	
14. TQ	−0.068	−0.033	0.004	−0.033	0.151**	0.045	−0.133**	0.156**	0.106**	0.184**	0.937**	0.958**	0.335**	1

注："*"表示在 0.05 水平（双尾），相关性显著；"**"表示在 0.01 水平（双尾），相关性显著。样本容量 689

过相关系数表可以看出,中介变量与自变量之间存在一定相关性,因变量与中介变量、因变量与自变量之间相关性较强。自变量之间的相关性较强,关系显著,表明在回归模型中可能存在多重共线性问题。

4.4 本章小结

本章首先交代了本书选取样本的思路和过程,以及样本数据的详细来源。本书数据来源于公开的数据资料,包括:国泰安 CSMAR 数据库和招股说明书(巨潮资讯网下载)。通过多数据源下载同一数据,以及爬虫和人工同时筛选和整理数据,最大限度地提高了数据的准确性,最终获取 689 家有效数据。二手数据涉及代理变量的选择,通过分析以往学者的做法,选择合适的代理变量,并对各变量的测量进行了详细的说明,结合以往学者的方法以及本研究的特点,选择有效的测量方法,并对变量的取值做了详细说明。

第五章

数据分析与假设验证

5.1 创业团队社会资本对企业绩效的主效应检验

基于理论模型,本书提出假设1来检验创业团队社会资本和企业绩效的关系,其中假设1a—1c分别检验创业团队社会资本的三个维度分别对企业绩效的影响。

主效应各个假设的验证结果如表5-1所示。其中模型1是分析控制变量对因变量的影响,模型2—5是分别对假设1和假设1a—1c的检验。模型1—5的因变量是Roa,模型6—10的因变量是Roe,分别从不同的财务指标进行检验。各模型的F值都很显著($p \leqslant 0.001$)。控制模型说明控制变量对绩效的影响,其中团队规模、第一股东持股比例、公司年限对公司绩效存在显著影响,说明有必要控制它们对研究的影响。

5.1.1 创业团队社会资本的三维度对企业绩效的影响

假设1a认为,创业团队政府联系与企业绩效呈正相关关系。如表5-2所示,无论企业绩效用Roa(模型2,回归系数为0.008,$p \leqslant 0.01$)还是Roe(模型7,回归系数为0.008,$p \leqslant 0.01$)表示,结果都支持假设1a,即政府联系与企业绩效呈正相关关系。

假设1b认为,创业团队企业联系与企业绩效呈正相关关系。用Roa衡量企业绩效时(模型3),企业联系与企业绩效的正相关关系显著(回归系数为0.005,$p < 0.01$),但用模型Roe衡量企业绩效时(模型10),显著性发生了变化,由正相关变成了负相关(回归系数为-0.003)。这表明创业团队企业联系与企业绩效之间的关系可能不稳定,需要进一步检验。所以后文用TobinQ进行稳健性检验。

第五章 数据分析与假设验证

表 5-1 创业团队社会资本对创业企业绩效的回归结果

验证假设	模型 1	模型 2 H1a	模型 3 H1b	模型 4 H1c	模型 5 H1a—H1c	模型 6	模型 7 H1a	模型 8 H1b	模型 9 H1c	模型 10 H1a—H1c
因变量	Roa	Roa	Roa	Roa	Roa	Roe	Roe	Roe	Roe	Roe
常量	0.398	0.008	0.326***	0.083	−0.011	0.433***	0.055	0.414	0.061	0.007
Tsiz	−0.005***	0.003*	−0.005***	−0.001	0.003*	−0.009***	−0.001	−0.009***	−0.005	−0.002
Psth	0.000***	0.000	0.000	0.000	0.000	−0.002#	−0.002#	−0.002#	−0.002#	−0.002*
Csiz	0.000	−0.001	0.000	0.000	−0.001	0.009	0.008	0.009	0.010	0.009
Dar	0.000	0.000	0.000	0.000	0.000	−0.001	−0.001	−0.001	−0.001	−0.001
Year	0.004***	0.003***	0.003***	−0.001	0.003*	0.002	0.001	0.002	−0.003	−0.002
Vcon		0.008***			0.008***		0.008**			0.006
Hcon			0.005**		0.003			0.004**		−0.003
Scon				0.011***	0.000				0.013*	0.007
R^2	0.108	0.202	0.119	0.149	0.205	0.035	0.046	0.115	0.044	0.048
ΔR^2	0.108***	0.094***	0.011***	0.048***	0.097***	0.035***	0.011**	0.080	0.009***	0.013*
模型 F 值	16.48***	28.78***	15.24***	21.02***	21.88***	4.95***	5.52***	5.13***	6.07***	4.24***
样本容量 n	689	689	689	689	689	689	689	689	689	689

注：# $p<0.1$，* $p<0.05$，** $p<0.01$，*** $p\leqslant 0.001$；ΔR^2 等于全模型 R^2 减去控制变量模型 R^2。

表 5-2 社会资本各维度对公司财务绩效回归结果的共线性

验证假设	模型 1	H1a—H1c			模型 5			模型 6	H1a—H1c			模型 10	
因变量	Roa	Roa	t 值	显著性	VIF	Roe	Roe	t 值	显著性	VIF
常量	0.398	−0.011	−0.174	0.862		0.433***	0.007	0.034	0.973	
Tsiz	−0.005***	0.003*	2.544	0.011	2.771	−0.009**	−0.002	−0.445	0.656	2.771
Psth	0.000***	0.000	−0.884	0.377	1.010	−0.002#	−0.002*	−1.964	0.050	1.010
Csiz	0.000	−0.001	−0.082	0.934	1.016	0.009	0.009	0.244	0.808	1.016
Dar	0.000	0.000	−0.808	0.419	1.012	−0.001	−0.001	−0.565	0.572	1.012
Year	0.004***	0.003*	2.282	0.023	2.446	0.002	−0.002	−0.409	0.683	2.446
Vcon		**0.008***	6.433	0.000	5.369		**0.006**	1.472	0.141	5.369
Hcon		**0.003**	1.453	0.147	1.391		**−0.003**	−0.571	0.568	1.391
Scon		**0.000**	−0.192	0.848	6.312		**0.007**	0.895	0.371	6.312
R^2	0.108	0.205				0.035	0.048			
ΔR	0.108***	0.097***				0.035***	0.013*			
模型 F 值	16.48***	21.88***				4.95***	4.24***			
样本容量 n	689	689				689	689			

注：# $p<0.1$，* $p<0.05$，** $p<0.01$，*** $p≤0.001$；ΔR^2 等于全模型 R^2 减去控制变量模型 R^2。

假设1c认为,创业团队社会联系与企业绩效呈正相关关系。模型4和模型9支持了假设1c。用Roa衡量企业绩效时(模型4),社会联系与企业绩效的正相关关系显著(回归系数为0.011,$p<0.001$),用Roe衡量企业绩效时(模型9),正相关关系仍然显著(回归系数为0.013,$p<0.05$)。

综上所述,假设1a和1c得到支持,假设1b关系不稳定。

5.1.2 创业团队社会资本对企业绩效的影响

假设1认为,创业团队社会资本与企业绩效呈正相关关系。把社会资本的三个维度同时进行回归分析,其F值为21.88($p<0.001$),即表示模型5有效;F值为4.24($p<0.001$),即表示模型10有效。用Roa表示企业绩效时(模型5),政府社会联系与企业绩效之间的正相关关系仍然显著(回归系数为0.008,$p<0.001$)。而企业联系、社会联系与企业绩效之间的正相关系回归系数不显著,企业联系的回归系数为0.003,社会联系的回归系数为0.000。用Roe表示企业绩效时(模型10),创业团队社会资本的三个维度与企业绩效的关系均不显著。

5.1.3 主效应的多重共线性分析

根据表5-1统计描述的分析可知,创业团队社会资本的三个维度可能存在多重共线性,这可能是导致社会资本与企业绩效之间关系不显著的原因,需要进行多重共线性的诊断。

各变量的方差膨胀因子(VIF)的值大于5即表示存在较强的多重共线性。如表5-2所示,创业团队社会资本的三个维度,政府联系(VIF>5)、企业联系和社会联系(VIF>5)之间存在多重共线性。

由上述分析可知,假设1a和1c得到支持,假设1b不稳定,原因是存在多重共线性,所以才会出现用Roa和Roe做绩效指标时一个支持一个不支持,这也可以解释为何将三个维度放在一起测试时,结论不显著。那么由多重共线性的结论可知不支持的原因,所以假设1b也得到了支持。

总之,实证结论支持了假设1,即创业团队社会资本对企业绩效的影响呈正相关关系。

5.1.4 主效应的稳健性检验

本研究的稳健性检验是通过更换关键变量测量的方法进行。上文中企业绩效用 Roe 和 Roa 进行了检验,这两个都是盈利指标且是财务指标。进一步来讲,通过选取市场表现指标且是非财务指标的 TobinQ 来对主效应的稳健性进行检验。

如表 5-3 中所示,模型 1 是控制变量的检验,模型 2—4 是对创业团队社会资本的检验,模型 5 是同时对三个维度进行检验。可见各模型的 F 值均显著,表明各模型均有效。模型 2 表明政府联系与企业绩效之间的正相关关系显著(回归系数是 0.108,$p<0.001$),模型 3 表明企业联系与企业绩效之间的正相关关系显著(回归系数是 0.108,$p<0.05$),模型 4 表明社会联系与企业绩效之间的正相关关系显著(回归系数是 0.156,$p<0.01$)。即用 TobinQ 作为绩效指标,假设 1a、1b、1c 均得到了支持。当三个维度一起回归时,政府联系与企业绩效之间的正相关关系显著,其他两个不显著,仍然是由于多重共线性的问题。总的来说,主效应的正相关影响具有很好的稳健性。主效应的相关系数如图 5-1 所示。

表 5-3 社会资本对公司非财务绩效的回归结果

	模型 1	模型 2	模型 3	模型 4	模型 5
验证假设		H1a	H1b	H1c	H1a—H1c
因变量	TQ	TQ	TQ	TQ	TQ
常量	5.459***	0.265	3.937**	1.022	−0.337
Tsiz	−0.028	0.079*	−0.013	0.028	0.083
Psth	−0.009	−0.010	−0.008	−0.010	−0.009
Csiz	−0.015	−0.028	−0.008	0.004	−0.025
Dar	−0.008***	−0.006	−0.009	−0.008	−0.007
Year	0.090	0.078***	0.008***	0.028	0.083
Vcon		0.108***			0.107**
Hcon			0.108*		0.081
Scon				0.156**	−0.016
R^2	0.028	0.050	0.034	0041	0.054

续表

	模型1	模型2	模型3	模型4	模型5
验证假设		H1a	H1b	H1c	H1a—H1c
因变量	TQ	TQ	TQ	TQ	TQ
ΔR^2	0.028**	0.023**	0.006*	0.013**	0.026***
模型 F 值	3.92**	6.04***	4.02***	4.82***	4.802***
样本容量 n	689	689	689	689	689

注：#$p<0.1$，*$p<0.05$，**$p<0.01$，***$p\leqslant0.001$；ΔR^2 等于全模型 R^2 减去控制变量模型 R^2。

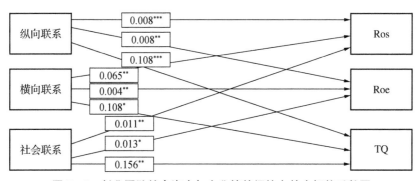

图 5-1　创业团队社会资本与企业绩效间的主效应相关系数图

5.2　风投资源获取作为创业团队社会资本与企业绩效间关系中介效应检验

根据 Baron 和 Kenny（1986）提出的检验中介变量的三个步骤来验证中介效应：第一步，检验自变量是否影响因变量；第二步，检验自变量是否影响中介变量；第三步，将中介变量和自变量放在一起，检验其对因变量的影响。本节将按照此思路进行中介效应的验证。

5.2.1　创业团队社会资本对风投资源获取的影响

基于理论模型，本书提出假设 2 检验创业团队社会资本给予风投资源获取的关系，假设 2a—2c 检验创业团队社会资本的三个维度分别对风投资源的影响，各模型的 F 值均显著，表明各模型均有效。各个假设的验证结果如

表 5-4 所示。

模型 1 是分析控制变量对因变量的影响,创业团队规模、第一股东持股比例、年限显著,表明控制变量选取有效。

模型 3 是对假设 2a 的检验,即企业联系对风投资源获取的影响。模型 3 表明企业联系与风投资源获取之间的正相关关系显著(相关系数为 0.034, $p<0.001$),假设 2a 得到验证。

模型 6 是对假设 2b 的检验,即政府联系对风投资源获取的影响。模型 6 表明政府联系与风投资源获取之间的正相关关系显著(相关系数为 0.036, $p<0.001$),假设 2b 得到验证。

模型 9 是对假设 2c 的检验,即社会联系对风投资源获取的影响。模型 9 表明社会联系与企业绩效 Roa 之间的正相关关系显著(相关系数为 0.044, $p<0.05$),假设 2c 得到验证。

5.2.2 风投资源获取对企业绩效的影响

基于理论模型,本书提出假设 3 来检验风投资源获取对企业绩效的关系。

如表 5-4 中的模型 4、模型 7、模型 10 的数据显示,风投资源获取与企业绩效之间的正相关关系均显著。模型 4 中风投资源获取与企业绩效的相关系数为 0.089, $p<0.001$;模型 7 中风投资源获取与企业绩效的相关系数为 0.091, $p<0.001$。正因模型 4 中风投资源获取与企业绩效的相关系数为 0.089, $p<0.001$,所以假设 3 得到了支持。

5.2.3 中介效应检验

基于理论模型,本书提出假设 4 来检验风投资源获取在创业团队社会资本与企业绩效关系中起中介作用,根据 Baron 和 Kenny(1986)提出中介检验三步曲。

第一步,对社会资本三个维度和企业绩效的关系进行检验。模型 2 表明政府联系与企业绩效 Roa 之间的正相关关系显著(相关系数为 0.008, $p<0.001$);模型 5 表明企业联系与企业绩效 Roa 之间的正相关关系显著(相关系数为 0.008, $p<0.001$);模型 8 表明社会联系与企业绩效 Roa 之间的正相

第五章　数据分析与假设验证

关关系显著(相关系数为 0.011，$p<0.001$)。因此，第一步自变量对因变量的影响得到了验证。

第二步，对社会资本三个维度和风投资源获取的关系进行检验。模型 3 表明政府联系与风投资源获取之间的正相关关系显著(相关系数为 0.034，$p<0.001$)；模型 6 表明企业联系与风投资源获取之间的正相关关系显著(相关系数为 0.036，$p<0.001$)；模型 9 表明社会联系与风投资源获取之间的正相关关系显著(相关系数为 0.044，$p<0.05$)。因此，第二步自变量对中介变量的影响关系得到了验证。

第三步，模型 4 将政府联系、风投资源获取同时对企业绩效进行回归分析。结果显示，政府联系、风投资源获取均与企业绩效 Roa 之间的正相关关系显著(相关系数分别为 0.005，$p<0.001$；0.089，$p<0.001$)，这表明风投资源获取在政府联系与企业绩效之间起部分中介作用，所以假设 4a 得到支持。模型 7 将企业联系、风投资源获取同时对企业绩效进行回归分析。结果显示，企业联系、风投资源获取均与企业绩效 Roa 之间的正相关关系显著(相关系数分别为 0.003，$p<0.001$；0.091，$p<0.001$)，这表明风投资源获取在企业联系与企业绩效之间起部分中介作用，所以假设 4b 得到支持。模型 10 将社会联系、风投资源获取同时对企业绩效进行回归分析。结果显示，社会联系、风投资源获取均与企业绩效 Roa 之间的正相关关系显著(相关系数分别为 0.007，$p<0.001$；0.090，$p<0.001$)，这表明风投资源获取在社会联系与企业绩效之间起部分中介作用，所以假设 4c 得到支持。

综上所述，风投资源获取在社会联系三个维度与企业绩效之间都起部分中介的作用，因此假设 4 得到支持。

有学者在研究企业绩效时，用 Roa、Roe 其中一个作为财务绩效的测量标准，用另一个作为稳健性检验。更多学者是把 Roa 和 Roe 同时作为财务绩效指标进行检测。所以本书先以 Roa 测量绩效，如表 5-4 所示，再用 Roe(净资产收益率)作为绩效的测量指标。因为 Roe 反映的是公司盈利以及运营资本、控制成本、筹集资金等运营公司的能力，同时 Roe 也是上市公司监管部门比较重视的一项公司绩效指标。如公司上市的条件之一就是近三年的 Roe 不能低于 10%。

表5-4 VC在社会资本各维度与公司财务绩效关系中起中介作用的回归结果（Roa）

	模型1	模型2	模型3 H2a H4a	模型4 H1a, H3	模型5 H1b	模型6 H2b H4b	模型7 H1b, H3	模型8 H1c	模型9 H2c H4c	模型10 H1c, H3
验证假设		H1a								
因变量	Roa	Roa	VC	Roa	Roa	VC	Roa	Roa	VC	Roa
常量	0.398	0.008	0.758	−0.057**	−0.011	2.043***	0.140***	0.083	1.144	−0.020
Tsiz	−0.005***	0.003*	0.024*	0.001	0.003*	−0.006	−0.004***	0.001	0.006	0.002***
Psth	0.000***	0.000	0.001	0.000	0.000	0.001	0.000***	0.000	0.000	0.000***
Csiz	0.000	−0.001	0.033	−0.004	−0.001	0.039	−0.003	0.000	0.043	−0.003
Dar	0.000	0.000	−0.002	−0.000	−0.000	−0.003	0.000	−0.001	−0.003	0.000
Year	0.004***	0.003***	0.031***	0.000	0.003*	0.034***	0.000		0.017	−0.002***
Vcon		**0.008**⁣***	**0.034**⁣***	**0.005**⁣***						
Hcon					**0.008**⁣***	**0.036**⁣***	**0.003**⁣***			
Scon								**0.011**⁣***	**0.044***	**0.007**⁣***
VC				0.089***			0.091***			0.090***
R^2	0.108	0.202	0.049	0.902	0.118	0.047	0.869	0.149	0.039	0.885
ΔR^2	0.108***	0.094***	0.049***	0.794***	0.011***	0.047***	0.761***	0.048***	0.008*	0.777***
模型F值	16.48***	28.78***	5.86***	892.87***	15.24***	5.95***	642.69***	21.02***	4.65***	749.81***
样本容量n	689	689	689	689	689	689	689	689	689	689

注：# $p<0.1$，* $p<0.05$，** $p<0.01$，*** $p \leqslant 0.001$；ΔR^2 等于全模型 R^2 减去控制变量模型 R^2。

第五章　数据分析与假设验证

从表 5-5 得到,所有模型的 F 值均显著,所以所有模型均有效。

第一步,对社会资本三个维度和企业绩效的关系进行检验。模型 2 表明政府联系与企业绩效 Roe 之间的正相关关系显著(相关系数为 0.008, $p<0.01$),模型 5 表明企业联系与企业绩效 Roe 之间的正相关关系显著(相关系数为 0.004, $p<0.01$),模型 8 表明社会联系与企业绩效 Roe 之间的正相关关系显著(相关系数为 0.013, $p<0.05$)。因此第一步自变量对因变量的影响得到了验证。

第二步,对社会资本三个维度和风投资源获取的关系进行检验。模型 3 表明政府联系与风投资源获取之间的正相关关系显著(相关系数为 0.034, $p<0.01$),模型 6 表明企业社会联系与风投资源获取之间的正相关关系显著(相关系数为 0.036, $p<0.001$),模型 9 表明社会联系与风投资源获取之间的正相关关系显著(相关系数为 0.044, $p<0.05$)。因此第二步自变量对中介变量的影响关系得到了验证。

第三步,模型 4 将政府联系、风投资源获取同时对企业绩效进行回归分析。结果显示,政府联系、风投资源获取均与企业绩效 Roe 之间的正相关关系显著(相关系数分别为 0.005, $p<0.05$;0.084, $p<0.05$),这表明风投资源获取在政府联系与企业绩效之间起部分中介作用,所以假设 4a 得到支持。模型 7 将企业联系、风投资源获取同时对企业绩效进行回归分析。结果显示,企业联系与企业绩效 Roe 之间的关系不显著,风投资源获取与企业绩效 Roe 之间的正相关关系显著(相关系数分别为 0.086, $p<0.001$),这表明风投资源获取在企业联系与企业绩效之间起完全中介作用,所以假设 4b 得到支持。模型 10 将社会联系、风投资源获取同时对企业绩效进行回归分析。结果显示,社会联系、风投资源获取均与企业绩效 Roe 之间的正相关关系显著(相关系数分别为 0.009, $p<0.1$;0.085, $p<0.001$),这表明风投资源获取在社会联系与企业绩效之间起部分中介作用,所以假设 4c 得到支持。

综上所述,风投资源获取在社会联系三个维度与企业绩效之间都起部分中介的作用。所以假设 4 得到验证。

无论是用 Roa 还是 Roe 作为企业财务绩效的测量指标,得出的结论都是风险投资资源获取作为创业团队社会资本与企业绩效的中介变量是成立的。其中除了用 Roe 指标,风险投资资源获取作为创业团队企业联系与企业绩效的中介变量是完全中介的,其他均为部分中介。

表 5-5 VC在社会资本各维度与公司财务绩效关系中起中介作用的回归结果（Roe）

	模型1	模型2	模型3	模型4	模型5	模型6	模型7	模型8	模型9	模型10
验证假设		H1a	H2a,H4a	H1a,H3	H1b	H2b,H4b	H1b,H3	H1c	H2c,H4c	H1c,H3
因变量	Roe	Roe	VC	Roe	Roe	VC	Roe	Roe	VC	Roe
常量	0.433***	0.055	0.758	−0.009	0.414	2.043***	0.237#	0.061	1.144	−0.036
Tsiz	−0.009***	−0.001	0.024*	−0.003	−0.009***	−0.006	−0.008***	−0.005	0.006	−0.005
Psth	−0.002#	−0.002#	0.001	−0.002*	−0.002#	0.001	−0.002*	−0.002#	0.000	−0.002#
Csiz	0.009	0.008	0.033	0.005	0.009	0.039	0.005	0.010	0.043	0.007*
Dar	−0.001	−0.001	−0.002	0.000	−0.001	−0.003	0.000	−0.001	−0.003	0.000
Year	0.002	0.001	0.031***	−0.002	0.002	0.034***	−0.001	−0.003	0.017	−0.005
Vcon		0.008**	0.034**	0.005*						
Hcon					0.004**	0.036***	−0.001			
Scon								0.013*	0.044*	0.009#
VC				0.084*			0.086***			0.085***
R	0.035	0.046	0.049	0.125	0.115	0.047	0.120	0.044	0.039	0.125
ΔR	0.035***	0.011**	0.049***	0.090***	0.080***	0.047***	0.085***	0.009***	0.008*	0.090***
模型F值	4.95***	5.52***	5.86***	13.87***	5.13***	5.95***	13.30***	6.07***	4.65***	13.85***
样本容量 n	689	689	689	689	689	689	689	689	689	689

注：# $p<0.1$，* $p<0.05$，** $p<0.01$，*** $p\leqslant 0.001$；ΔR^2 等于全模型 R^2 减去控制变量模型 R^2。

5.2.4 中介作用的稳健性检验

本书的稳健性检验是通过更换关键变量测量的方法进行。上文中企业绩效用 Roe 和 Roa 进行了检验,这两个都是盈利指标且是财务指标,通过选取市场表现指标且是非财务指标的 TobinQ 来对中介的稳健性进行检验,结果如表 5-6 所示。可见,各模型的 F 值均显著,表明各模型均有效。其中模型 1 是控制变量的检验;模型 2—4 是对创业团队政府联系的检验;模型 5—7 是对创业团队企业联系的检验;模型 8—10 是对社会联系的检验。通过模型 2—4 的数据表明,风险投资资源获取是政府联系与企业绩效的部分中介;模型 5—7 的数据表明,风险投资资源获取是企业联系与企业绩效的部分中介;模型 8—10 的数据表明,风险投资资源获取是社会联系与企业绩效的部分中介。即用 TobinQ 作为绩效指标,假设 4a、4b、4c 和假设 4 均得到了支持。总的来说,通过稳健性发现,中介效应的正相关影响结论比较稳定。

5.3 行业类别和市场竞争的调节效应检验

5.3.1 对企业团队社会资本与风投资源获取关系的调节效应检验

(一) 行业类别的调节效应检验

基于理论模型,本书提出假设 5,即检验在服务行业内,创业团队社会资本对风投资源获取的正向影响是否更显著。假设 5a—5c 检验在服务行业内,创业团队社会资本的三个维度分别对风投资源影响过程中的调节作用,本书认为创业团队社会资本与风投资源获取的关系会受行业类别的影响,且在服务业和制造业中,创业团队社会资本对风投资源获取的影响会有所不同。由于样本中 689 家创业板上市公司行业分布主要为制造业和服务业,其他行业只有 22 家,所以我们将研究聚集在服务业和制造业,删除 22 家其他行业。具体实证数据结果见表 5-7,所有 F 值均显著,表明所有模型均有效。

表5-6 VC在社会资本各维度与公司非财务绩效关系中起中介作用的回归结果

验证假设	模型1	模型2 H1a		模型3 H2a H4a		模型4 H1a,H3	模型5 H1b	模型6 H2b H4b		模型7 H1b,H3	模型8 H1c	模型9 H2c H4c		模型10 H1c,H3
因变量	TQ	TQ		VC		TQ	TQ	VC		TQ	TQ	VC		TQ
常量	5.459***	0.265		0.758		-1.739**	3.937**	2.043***		-1.479***	1.022	0.1.144		-2.007**
Tsiz	-0.028	0.079*		0.024*		0.016	-0.013	-0.006		0.004	0.028	0.006		0.012
Psth	-0.009	-0.010		0.001		-0.011***	-0.008	0.001		-0.011**	-0.010	0.000		-0.011**
Csiz	-0.015	-0.028		0.033		-0.116	-0.008	0.039		-0.111	0.004	-0.043		-0.109
Dar	-0.008***	-0.006		-0.002		0.000	-0.009	-0.003		-0.001	-0.008	-0.003		-0.001
Year	0.090	0.078***		0.031**		-0.004**	0.088***	0.034***		-0.003	0.028	0.017		-0.018
Vcon		0.108***		0.034**		0.019#								
Hcon							0.108*	0.036***		0.044*				
Scon											0.156**	0.044*		0.040*
VC						2.646***				2.651***	041			2.648***
R^2	0.028	0.050		0.049		0.881	0.034	0.047		0.881	041	0.039		0.881
ΔR^2	0.028**	0.023**		0.049**		0.879***	0.006*	0.047***		0.853***	0.013***	0.008*		0.853***
模型F值	3.92**	6.04***		5.86***		716.8***	4.02***	5.95***		719.46***	4.82***	4.65***		718.26***
样本容量n	689	689		689		689	689	689		689	689	689		689

注: # $p<0.1$, * $p<0.05$, ** $p<0.01$, *** $p<0.001$; ΔR^2等于全模型R^2减去控制变量模型R^2。

表5-7 行业类型对创业团队社会资本与风投资源获取关系的调节作用

	模型1	模型2	模型3	模型4	模型5	模型6	模型7
验证假设		H5a		H5b		H5c	
因变量	VC	VC	VC	VC	VC	VC	VC
常量	2.385***	0.740	0.874	2.037***	2.296***	1.137#	1.283#
Tsiz	−0.009	0.024*	0.024*	−0.006	−0.007	0.006	0.006
Psth	0.001	0.001	0.000	0.001	0.001	0.000	0.000
Csiz	0.037	0.032	0.031	0.038	0.029	0.042	0.043
Dar	−0.003	−0.002	−0.002	−0.003	−0.003	−0.003	−0.003
Year	0.035***	0.031***	0.031***	0.034***	0.034***	0.017	0.018
Vcon		0.034***	0.030***				
Hcon				0.024	0.005		
Scon						0.043*	0.038
Indu		0.047	−0.399	0.037	−0.841#	0.039	−0.438
Vcon*Indu			0.015				
Hcon*Indu					0.077*		
Hcon*Indu							0.018#
R^2	0.031	0.049	0.051	0.034	0.039	0.039	0.040
ΔR	0.031***	0.018**	0.020**	0.003	0.008**	0.008*	0.009*
模型F值	4.41***	5.05***	4.59***	3.43***	3.48***	4.01***	3.58***
样本容量n	689	689	689	689	689	689	689

注：# $p<0.1$，* $p<0.05$，** $p<0.01$，*** $p\leqslant 0.001$；ΔR^2 等于全模型 R^2 减去控制变量模型 R^2。

假设5a认为，在制造行业内，创业团队政府联系对风投资源获取的正向影响更显著。模型1是对控制变量进行验证，模型2—3、4—5、6—7分别验证了创业团队社会资本的三个维度。其中模型2表明，政府联系对风投资源获取的正向影响显著（相关系数为0.034，$p<0.001$），但行业类型对风投资源获取没有显著影响。模型3引入了政府联系与行业类型的交互项，结果发现交互项对风投资源获取仍然没有显著影响。原因可能有三

个:第一,创业板上的制造业不同于传统制造业,本身就具高科技、高成长的特性,是升级的制造业,所以与具有高创新、高科技含量的服务业区别不明显;第二,样本来源于创业板,创业板上有风险投资股东的企业较多,因此差异较小;第三,政府联系是指创业团队在政府的任职经历,政府的任职经历对风投资源的获取作用很强,所以不受行业影响。因此假设5a没有得到验证。

假设5b认为,在制造行业内,创业团队企业联系对风投资源获取的正向影响更显著。模型4表明,企业联系对风投资源获取的影响不显著,这与前文的结论一致,是因为存在多重共线性的问题。从而表明行业对风投资源获取也没有显著影响。模型5引入了企业联系与行业类别的交互项,结果发现行业类别对风投资源获取有显著的负向影响(相关系数为$-0.841, p<0.1$),这一结论与模型3一致。但交互项对风投资源获取有显著的正向影响(相关系数为$0.077, p<0.1$),表明调节效应存在。行业类型调节创业团队企业联系对风投资源获取的原因,可能是风投倾向于投资高科技的新兴行业,制造行业普遍受风投青睐的较少,所以在制造行业里,创业团队成员有公司之外其他公司的经历,能为公司带来更多的资金资源。综上,假设5b得到了验证。

假设5c认为,在制造行业内,创业团队社会联系对风投资源获取的正向影响更显著。模型6表明,社会联系对风投资源获取的影响不显著,这与前文的结论一致,是因为存在多重共线性的问题。行业对风投资源获取也没有显著影响。模型7引入了社会联系与行业类别的交互项,结果发现行业类型对风投资源获取仍然不显著,这一结论与模型2和模型4一致,说明行业类别不直接影响风投资源获取。交互项对风投资源获取有显著的正向影响(相关系数为$0.018, p<0.1$),表明调节效应存在。行业类型调节创业团队社会联系对风投资源获取的原因,可能是风投倾向于投资高科技的新兴行业,制造行业普遍受风投青睐的较少,所以在制造行业里,创业团队成员有金融行业的经历,能为公司带来更多的资金资源。综上,假设5c得到了验证。假设5a未得到验证,假设5b和5c得到验证,所以假设5得到部分验证。

（二）市场竞争的调节效应检验

基于理论模型，本书提出假设6，即检验在竞争大的市场环境里，创业团队社会资本对风投资源获取的正向影响是否更显著。假设6a—6c检验在竞争激烈的市场环境里，创业团队社会资本的三个维度分别对风投资源的影响过程中的调节作用。

本书认为市场竞争会影响创业团队社会资本与风投资源获取的关系，其具体的实证结果见表5-8。本研究以上市当年行业内企业数量的对数测量市场竞争的程度。所有模型的F值均显著，表明所有模型均有效。其中模型1验证对控制变量进行验证；模型2—3、4—5、6—7分别验证创业团队社会资本的三个维度。

表5-8 市场竞争对创业团队社会资本与风投资源获取关系的影响

	模型1	模型2	模型3	模型4	模型5	模型6	模型7
验证假设		H6a		H6b		H6c	
因变量	VC	VC	VC	VC	VC	VC	VC
常量	2.385***	2.942***	2.809***	4.238***	4.212***	3.338***	3.107***
Tsiz	−0.009	0.020#	0.021#	−0.011	−0.011	0.001	0.003
Psth	0.001	0.000	0.000	0.001	0.001	0.000	0.000
Csiz	0.037	0.046	0.038	0.051	0.042	0.055	0.047
Dar	−0.003	−0.003	−0.003	−0.003	−0.003	−0.003	−0.003
Year	0.035***	0.030***	0.029***	0.033***	0.033***	0.017	0.016
Vcon		**0.035*****	**0.035*****				
Hcon				**0.020**	**0.021**		
Scon						**0.042***	**0.042***
Comp		−1.085***	−1.013***	−1.043***	−1.026***	−1.044***	−0.925**
Vcon∗Comp			0.040				
Hcon∗Comp					0.051		
Scon∗Comp							0.061
R^2	0.031	0.069	0.071	0.053	0.055	0.058	0.061

续表

	模型1	模型2	模型3	模型4	模型5	模型6	模型7
ΔR^2	0.031***	0.038**	0.040**	0.021***	0.024***	0.027***	0.030***
模型F值	4.41***	7.24***	6.45***	5.39***	4.92***	5.99***	5.50***
样本容量n	689	689	689	689	689	689	689

注：#$p<0.1$，*$p<0.05$，**$p<0.01$，***$p\leqslant0.001$；ΔR^2等于全模型R^2减去控制变量模型R^2。

假设6a认为，在竞争激烈的市场环境里，创业团队政府联系对风投资源获取的正向影响更显著。其中模型2表明，市场竞争与风投资源获取之间的负相关关系显著（相关系数为-1.085，$p<0.001$），即竞争越弱的市场，越容易获取风投资源。这可能是因为市场竞争弱表明行业新兴，成长性好，这符合风险投资的倾向。政府联系与风投资源获取显著正相关关系（相关系数为0.035，$p<0.001$），这与前面的结论一致。模型3引入了政府联系与市场竞争的交互项，结果发现交互项对风投资源获取没有显著影响，即调节作用不成立。无论是行业类型还是市场竞争都不调节政府联系与风投资源获取，原因是政府的任职经历对风投资源的获取作用很强，不受行业和市场竞争影响。所以假设6a没得到验证。

假设6b认为，在竞争激烈的市场环境里，创业团队企业联系对风投资源获取的正向影响更显著。模型4表明，市场竞争与风投资源获取之间呈显著负相关关系（相关系数为-1.043，$p<0.001$），即竞争越弱的市场，越容易获取风投资源，这可能是因为市场竞争弱表明行业新兴，成长性好，且符合风险投资的倾向。政府联系对风投资源获取显著正相关（相关系数为0.035，$p<0.001$），这与前面的结论一致。模型5引入了企业联系与市场竞争的交互项，结果发现交互项对风投资源获取没有显著影响，即调节作用不成立，所以假设6b没得到验证。

假设6c认为，在竞争激烈的市场环境里，创业团队社会联系对风投资源获取的正向影响更显著。模型6表明，市场竞争与风投资源获取之间呈显著负相关关系（相关系数为-1.044，$p<0.001$），即竞争越弱的市场，越容易获取风投资源，这可能是因为市场竞争弱表明行业新兴，成长性好，且符合风险投资的倾向。社会联系与风投资源获取之间呈显著正相关关系（相关系数为0.042，$p<0.05$），这与前面的结论一致。模型7引入了企业联系与市

场竞争的交互项,结果发现交互项对风投资源获取没有显著影响,即调节作用不成立,所以假设6c没得到验证。

综上,假设6a、6b、6c均未得到验证,进而假设6没有得到验证,即市场竞争程度不影响创业团队社会资本与风投资源获取的关系。

5.3.2 对风投资源获取与企业绩效关系的调节效应检验

（一）行业类别的调节效应检验

基于理论模型,本书提出假设7,即检验在制造行业内,风投资源获取对企业绩效的正向影响更显著。本研究认为市场竞争会影响创业团队风投资源获取企业绩效的关系,其具体的实证结果见表5-9。所有模型的F值均显著,表明所有模型均有效。其中模型1是对控制变量进行验证,表明团队规模和年限有显著影响,需要控制;模型2—3是以Roa作为绩效的

表5-9 行业类别对风投资源获取与企业绩效关系的影响

	模型1	模型2	模型3	模型4	模型5	模型6	模型7	模型8	模型9
验证假设		H7			H7			H7	
因变量	Roa	Roa	Roa	Roe	Roe	Roe	TQ	TQ	TQ
常量	0.398***	0.179***	0.178***	0.433***	0.233*	0.236*	5.459***	−0.923*	−0.908
Tsiz	−0.005***	−0.004***	−0.004***	−0.009***	−0.008***	−0.008***	−0.028	−0.002	−0.002
Psth	0.000	0.000**	0.000**	−0.002#	−0.002*	−0.002*	−0.009	−0.011***	−0.011***
Csiz	−0.000	−0.004	−0.004	0.009	0.006	0.006	−0.015	−0.117	−0.116
Dar	0.000	0.000	0.000	−0.001	0.000	0.000	−0.008	0.000	0.000
Year	0.004***	0.000	0.000	0.002	−0.001	−0.001	0.090***	−0.002	−0.002
VC		0.091***	0.091***		0.086***	0.085***		2.655***	2.648***
Indu		0.005	0.005		−0.019	−0.019		0.141	0.141
VC * Indu			0.000			0.004			0.021
R^2	0.108	0.866	0.866	0.035	0.121	0.121	0.028	0.880	0.880
ΔR^2	0.108***	0.758***	0.758***	0.035***	0.086***	0.086***	0.028***	0.879***	879***
模型F值	16.48***	625.86***	526.82***	4.95***	13.38***	11.69***	3.92***	715.12***	624.86***
样本容量n	689	689	689	689	689	689	689	689	689

注:# $p<0.1$,* $p<0.05$,** $p<0.01$,*** $p\leqslant 0.001$;ΔR^2等于全模型R^2减去控制变量模型R^2。

测量;模型 4—6 是以 Roe 作为绩效的测量;模型 7—9 是以 TobinQ 作为绩效的测量。

假设 7 认为,在制造行业内,风投资源获取对企业绩效的正向影响更显著。其中模型 2 表明,行业类别与企业绩效没有显著关系,风投资源获取与企业绩效之间呈显著正相关关系(相关系数为 0.091,$p<0.001$),这与前面的结论一致。模型 3 引入了风投资源获取与行业类别的交互项,结果发现交互项对企业绩效没有显著影响,即调节作用不成立,无论是用 Roe 还是 Roa,行业类型对风投资源获取与企业绩效都没有调节作用。所以假设 7 没得到验证。

(二) 市场竞争的调节效应检验

基于理论模型,本书提出假设 8,即检验在竞争激烈的市场环境里,风投资源获取对企业绩效的正向影响更显著。本研究认为,市场竞争会影响创业团队风投资源获取与企业绩效的关系,其具体的实证结果见表 5-10。

表 5-10 市场竞争对风投资源获取与企业绩效关系的影响

	模型 1	模型 2	模型 3	模型 4	模型 5	模型 6	模型 7	模型 8	模型 9
验证假设		H8			H8			H8	
常量	0.398***	0.188***	0.196***	0.433***	0.212	0.232	5.459***	−0.269	0.145
Tsiz	−0.005***	−0.004***	−0.004***	−0.009***	−0.008***	−0.009***	−0.028	−0.004	−0.008
Psth	0.000	0.000*	0.000	−0.002#	−0.002*	−0.002*	−0.009	−0.011***	−0.011***
Csiz	−0.000	−0.003	−0.003	0.009	0.005	0.007	−0.015	−0.110	−0.067
Dar	0.000	0.000	000	−0.001	0.000	0.000	−0.008	−0.001	−0.001
Year	0.004***	0.000	000	0.002	−0.001	−0.001	0.090***	−0.002	0.000
VC		0.091***	0.091***		0.086***	0.086***		2.650***	2.631***
Comp		−0.004	−0.008		0.007	−0.004		−0.289	−0.508*
VC*Comp			−0.004			−0.010			−0.211***
R^2	0.108	865	866	0.035	0.120	0.121	028	0.880	0.882
ΔR^2	0.108***	0.757***	0.758***	0.035***	0.085***	0.086***	0.028***	0.852***	0.854***
模型 F 值	16.48***	624.18***	547.94***	4.95***	13.30***	11.67***	3.92***	713.64***	634.96***
样本容量 n	689	689	689	689	689	689	689	689	689

注:# $p<0.1$,* $p<0.05$,** $p<0.01$,*** $p\leqslant0.001$;ΔR^2 等于全模型 R^2 减去控制变量模型 R^2。

所有模型的 F 值均显著,表明所有模型均有效。其中模型 1 是对控制变量进行验证,表明团队规模和年限有显著影响,需要控制;模型 2—3 是以 Roa 作为绩效的测量;模型 4—6 是以 Roe 作为绩效的测量;模型 7—9 是以 TobinQ 作为绩效的测量。

假设 8 认为,在竞争激烈的市场环境里,风投资源获取对企业绩效的正向影响更显著。其中模型 2 表明,市场竞争与企业绩效没有显著关系,风投资源获取与企业绩效之间呈显著正相关关系(相关系数为 0.091, $p<0.001$),这与前面的结论一致。模型 3 引入了风投资源获取与市场竞争的交互项,结果发现交互项对企业绩效没有显著影响,即调节作用不成立,无论是用 Roe 还是 Roa,市场竞争对风投资源获取与企业绩效都没有调节作用。所以假设 8 没得到验证。

(三) 稳健性检验

本研究的稳健性检验是通过更换关键变量测量的方法进行。上文中企业绩效用 Roe 和 Roa 进行了检验,这两个都是盈利指标且是财务指标,因而通过选取市场表现指标且是非财务指标的 TobinQ 来对中介的稳健性进行检验。表 5-9 和表 5-10 中,用 TobinQ 作为绩效指标各模型的 F 值均显著,表明所有模型均有效。

表 5-9 是对假设 7 的检验,其中模型 7—9 是对 TobinQ 为指标的绩效进行检验,模型 7 是对控制变量的检验。模型 8 表明,行业类型与企业绩效没有显著关系,风投资源获取与企业绩效之间呈显著正相关关系(相关系数为 2.655, $p<0.001$),这与前面的结论一致。模型 9 引入了风投资源获取与行业类别的交互项,结果发现交互项对企业绩效没有显著影响,即调节作用不成立,即用 TobinQ 作为绩效指标,结论与用 Roe 和 Roa 一致,行业类别对风投资源获取与企业绩效都没有调节作用。所以假设 7 没得到验证。

表 5-10 是对假设 8 的检验,其中模型 7—9 是对 TobinQ 为指标的绩效进行检验,模型 7 是对控制变量的检验。模型 8 表明,市场竞争与企业绩效没有显著关系,风投资源获取与企业绩效之间呈显著正相关关系(相关系数为 2.650, $p<0.001$),这与前面的结论一致。模型 9 引入了风投资源获取

与市场竞争的交互项,结果发现交互项对企业绩效有显著负面影响(相关系数为-0.211,$p<0.001$),即调节作用成立,即用 TobinQ 作为绩效指标,结论与用 Roe 和 Roa 不一致,市场竞争越弱,风投资源获取对企业绩效正向影响越显著。所以假设 8 得到验证。

综上所述,假设 7 通过稳健性检验,用财务指标和非财务指标都得出一致的结论,不支持假设 7,即行业类别的调节作用不成立。假设 8 未通过稳健性测试,用财务指标检验时不支持,用非财务指标检验时支持,所以假设 8 的结果不稳定。

用不同的测量方式所产生的效果不一样,所以假设 8 得到部分验证。

5.4 本章小结

本章根据上一章的样本来源和分析,首先对整理后的样本做了描述性统计、获得样本总体情况的基本信息、了解样本在各变量维度上的构成情况、了解样本分布特征,为后续定量分析做基础。然后对上一章提出的 7 组 23 个假设一一进行检验。本研究对容量为 689 的样本进行 OLS 层级回归分析,并一一对主效应、中介效应和调节效应进行检验。并通过使用不同的测量指标测量企业绩效,对相关变量进行了稳健性检验。实证结果验证了本研究的绝大部分假设。

第六章 研究结论与启示

6.1 研究结论

社会资本一直被作为企业出现和发展的驱动因素,大量研究创业和社会资本的文献致力于研究社会资本如何为企业提供交换媒介,从而帮助企业在创立和发展中获取必不可少的资源。这些研究大部分关注的是单个创业者的网络结构,而忽视了创业团队社会资本的研究,甚至更少研究从团队内部过程来研究社会资本如何影响创业企业的创建和发展。而大部分研究都认为,团队创业比个人创业更容易成功。

本书基于资源基础观、社会资本理论和高阶理论探讨了创业团队社会资本对企业绩效的影响,验证了风险投资资源获取的中介作用,并验证了行业类型、市场竞争的调节作用。通过对2009—2017年创业板上市的689家公司进行实证分析,验证了本书提出的理论模型与假设。为揭开创业团队社会资本作用的黑箱,本书从主效应、中介效应、调节效应三个方面进行论述,也即本书的核心问题:第一,创业团队社会资本如何影响企业绩效;第二,风投资源在创业团队社会资本和企业绩效之间的作用机制;第三,行业和市场竞争如何调节创业团队社会资本对企业绩效的影响。

本书的主要研究结论如下:

(1) 本书基于创业和社会资本的关系,得出创业团队不同维度社会资本对公司绩效的影响

实证研究表明,创业团队三个维度的社会资本均对企业绩效有显著的正相关作用。本书整合了社会资本的三种不同维度,特别是创业团队政府联系、企业联系和社会联系对公司绩效的影响。在外部环境日趋动态化、模糊化,以及市场竞争越来越激烈的社会现实条件下,创业团队所面临的重大挑战是能否从内外部环境中获得资源并科学运用资源,这将影响到企业绩

效。根据利益相关者理论,利益相关者群体包括公司所有者在内,都对公司日常的经营和生产活动投入了某些特定资本的群体。除了物质资本和人力资本以外,这些特定资本体现为一种依赖于信任和承诺机制的长期合作关系,理论界将其称作"社会资本"。由于创业团队社会资本能为企业带来资源,进而影响企业绩效,因此社会资本受到研究者的广泛关注。

对于社会资本是否影响企业绩效,不同学者有不同的看法。Peng和Luo(2000)指出随着外部环境更加模糊和动态,依赖和强调非正式网络形成的社会关系资源,其作用正在减弱。而其他学者却指出,在以不确定性为特征的转型期,关系依赖的作用更大。因为在社会转型期,社会资本对正式制度存在替代作用,创业企业更需要建立关系网络来获取重要资源并抵御创业风险。中国经济正处于转型升级的重要阶段,需要深入研究创业团队社会资本是否影响创业企业绩效,创业团队不同维度的社会资本通过哪种路径、如何影响创业企业绩效。

本书的研究结果支持创业团队社会资本对企业绩效有显著的正向影响。由具有较高社会资本的创始团体所经营的新企业将会比社会资本较少的创业团队经营的新企业更容易获得好的企业绩效。具有较高社会资本水平的创始人有更多机会收集市场知识和其他关键资源,因此,拥有较高社会资本水平的创业团队拥有比社会资本较少的创业团队更多的知识和其他关键资源。由于知识水平和其他关键资源的增加,与拥有较少社会资本的创始人相比,拥有较高社会资本的创始人具有较多社会资本的创业团队能以更具创新性和盈利能力的方式利用机会(Davidsson et al,2003;Florin et al,2003)。创业团队社会资本对创业企业发展有着重要作用。创业团队成员如果具有政府工作经历(即政府社会资本),则对企业绩效有显著正向影响;如果创业团队成员具有企业之外的工作经历,以及具有金融行业从业经历,都能对企业绩效产生显著的正向影响作用。

(2)创业团队社会资本对企业绩效的作用机制,即风投资源获取的中介作用

本书实证研究的结论支持了风投资源获取的中介作用,在社会资本三个维度与企业绩效间的中介作用均得到支持。社会资本到底是如何影响企业绩效的,资源获取打开了中间的黑箱。从公司外部获取资源在很长一段时间视为创业企业的一项重要的创业任务(Kim et al,2019;Shane,2003)。

第六章 研究结论与启示

创业是识别当前资源约束并把握机会寻求价值实现的行为过程(Stevenson et al,1985),发现机会后如何获取资源是创业者的重要任务,并且创业者需要积累不同类型的资源,以采取相应步骤发展企业。虽然研究者们发现了需要在创业中提高风险投资的资源配置,但对于风险投资应如何积累资源利用宝贵机会却知之甚少。越来越多的人意识到,除了资源属性本身之外(Barney et al,2001),资源积累本身的过程可能会影响资源属性(Hoopes et al,2003)。

Evans 和 Jovanovic(1989)的研究表明,资本约束是创业者创立企业失败的重要原因。创业者缺乏资金支持,或者没办法获得最优的资本结构,都会导致创业企业陷入财务危机,从而引发一连串负面效应,最后导致创业失败。创业理论也认为资金资源的约束是创立企业的关键瓶颈因素,如何获取资金资源是新创企业面临的重要难题。随着我国经济深入升级,资源配置所发挥的作用越来越大。

本书实证结果表明,风投资源获取在创业团队政府联系、社会联系与企业绩效关系中起中介作用,并且是部分中介作用。部分中介作用意味着创业团队的政府联系、社会联系一部分是通过风投资源获取对企业绩效产生影响,另一部分是直接对企业绩效产生影响。而风投资源获取在创业团队企业联系与企业绩效关系中起中介作用,并且是完全中介作用。完全中介意味着创业团队的企业联系必须通过风投资源获取对企业绩效产生影响,风投资源获取在这个维度上的作用很强。

(3) 行业类型和市场竞争是企业的中观环境,对企业的影响最直接

本书实证研究表明,行业类型和市场竞争如何调节创业团队社会资本对企业绩效的影响。研究结论部分支持在制造行业内,创业团队社会资本对风投资源获取的正向影响更显著;结论不支持在制造行业内,风投资源获取对企业绩效的正向影响更显著,即行业类型的调节作用只得到部分支持;结论还不支持在竞争激烈的市场环境里,创业团队社会资本对风投资源获取的正向影响更显著;除此之外,结论部分支持在竞争激烈的市场环境里,风投资源获取对企业绩效的正向影响更显著。

创业板中的企业绝大多数是服务业和制造业,本书剔除少量其他行业,只留下制造业和服务业,通过研究行业类型的调节作用,深化认识了行业作用。对行业类型的调节作用、研究作用具体如下:行业类型部分调节创业团

队社会资本与风投资源获取;调节企业联系、社会联系与风投资源获取的作用;不调节政府联系与风投资源的获取作用,同时也不调节风投资源的获取与企业绩效之间的作用。之所以不调节政府联系与风投资源的获取作用,可能是因为创业板上的制造业不同于传统制造业,本身就具有高科技、高成长的特性,是升级的制造业,所以与具有高创新、高科技含量的服务业区别不明显。由于样本来源于创业板,创业板上有风险投资股东的企业较多,因此差异较小。政府联系是指在政府的任职经历,政府的任职经历对风投资源的获取作用很强,不受行业类型的影响。

市场竞争程度对创业团队社会资本和风投资源获取没有调节作用,意味着无论市场竞争是否激烈,创业团队社会资本对风投资源获取的作用都一样。在企业绩效用 Roa、Roe 衡量时,市场竞争程度对创业团队风投资源获取对企业绩效没有调节作用,但在企业绩效用 TobinQ 衡量时,市场竞争程度对创业团队风投资源获取对企业绩效有调节作用,且市场竞争越不激烈,创业团队风投资源获取对企业绩效的正向影响越显著。这可能是因为市场竞争不激烈,表示企业较新、竞争较少,风投更愿意投资此类新兴行业;再加上行业竞争少,又有风投给企业做资源整合,给企业行业引导,所以企业更容易取得好的绩效。

研究结果如表 6-1 所示,结论是主效应、中介效应全部都通过了检验,但部分调节效应未得到验证。

表 6-1 假设验证结论汇总表

假设	内容	结论
假设 1	创业团队社会资本与企业绩效呈正相关关系。	支持
假设 1a	创业团队的政府联系与企业绩效呈正相关关系。	支持
假设 1b	创业团队的企业联系与企业绩效呈正相关关系。	支持
假设 1c	创业团队的社会联系与企业绩效呈正相关关系。	支持
假设 2	创业团队社会资本与风投资源获取呈正相关关系。	支持
假设 2a	创业团队的政府联系与风投资源获取呈正相关关系。	支持
假设 2b	创业团队的企业联系与风投资源获取呈正相关关系。	支持
假设 2c	创业团队的社会联系与风投资源获取呈正相关关系。	支持
假设 3	风投资源获取与企业绩效呈正相关关系。	支持

续表

假设	内容	结论
假设 4	风投资源获取在创业团队社会资本与企业绩效关系中起中介作用。	支持
假设 4a	风投资源获取在创业团队政府联系与企业绩效关系中起中介作用。	支持,部分中介
假设 4b	风投资源获取在创业团队企业联系与企业绩效关系中起中介作用。	支持,完全中介
假设 4c	风投资源获取在创业团队社会联系与企业绩效关系中起中介作用。	支持,部分中介
假设 5	在制造行业内,创业团队社会资本对风投资源获取的正向影响更显著。	部分支持
假设 5a	在制造行业内,创业团队政府联系对风投资源获取的正向影响更显著。	不支持
假设 5b	在制造行业内,创业团队企业联系对风投资源获取的正向影响更显著。	支持
假设 5c	在制造行业内,创业团队社会联系对风投资源获取的正向影响更显著。	支持
假设 6	在竞争激烈的市场环境里,创业团队社会资本对风投资源获取的正向影响更显著。	不支持
假设 6a	在竞争激烈的市场环境里,创业团队政府联系对风投资源获取的正向影响更显著。	不支持
假设 6b	在竞争激烈的市场环境里,创业团队企业联系对风投资源获取的正向影响更显著。	不支持
假设 6c	创业团队社会联系对风投资源获取的正向影响更显著。	不支持
假设 7	在制造行业内,风投资源获取对企业绩效的正向影响更显著。	不支持
假设 8	在竞争激烈的市场环境里,风投资源获取对企业绩效的正向影响更显著。	部分支持

6.2 研究启示

6.2.1 理论启示

关于创业的研究以各种方式进行:通过观察个人表象特征了解他们的个性;审视个人心理过程的认知方法;审视个人行为的行为方法,以及社会/

文化方法，研究社会网络和社会如何影响个人对创业行为的愿望和行为方式。然而，大多数公司都是由团队而不是个人创立的，这些都是对历史研究中缺乏可重复和普遍的发现的可能解释。在研究创新企业文献时，重点关注团队和团队合作以及团队组成会影响创新产出等问题。本书对创业理论和社会资本理论均作了一定的贡献，具体表现在以下三方面：

(1) 本书拓展了创业管理研究与社会资本的研究

创业研究往往关注企业家个人和企业本身，而对创业团队的研究有限。且创业研究往往关注的是企业创业者的特征和企业绩效之间的关系，很少有研究打开创业者和企业绩效之间的行为黑箱，将资源获取引入，并建立创业团队输入—过程—输出的理论模型。然而，一些研究者已经发现了创业团队的社会因素。从社会视角看，许多研究表明团队成员的外部社会嵌入为创业企业提供了重要的外部联系（Eisenhardt et al, 1996），其他文献显示团队的内部社会资本，包括社会互动水平、信任水平和团队成员的情感作用，也影响新创公司的业绩（Lechler, 2001）。尽管这些研究都在推进社会资本的研究进程，但是迄今为止，很少有研究去探索创业团队社会资本的不同类型对企业绩效的影响。本书拓展了社会资本的研究，通过同时研究团队不同类型的社会资本，了解他们对企业绩效的影响。

(2) 本书深化了创业团队社会资本与企业绩效间的作用机制研究

关于社会资本与企业绩效的研究，暂时还没有统一的结论，原因在于对社会资本的定义以及分类不一样，各学者会根据自己的研究主题，选择社会资本的分类和相应的测量方式，所以得出的结论也不一致。本书选取中国最早也是最权威的研究社会资本的学者边燕杰的分类方式，整合了社会资本的三种不同维度，讨论其对企业绩效的影响，并从三个方面深化了现有研究。首先，从三个维度测量社会资本，验证其对企业绩效的影响，将单一的社会资本变量分解为三个维度，分别验证其对企业绩效的影响，从而识别影响企业绩效、风投资源获取的关键因素；其次，引入资源获取，特别是风投资源获取作为中介变量，探索其分别在创业团队社会资本的三个维度对企业绩效影响中的中介作用；然后，用公开的数据作为社会资本的衡量，补充了现有理论。社会资本往往用问卷调查的方式来获取数据，但数据容易受被试者的主观影响，因此本书选择用二手数据进行测量，从数据层面为现有研究做补充。

(3) 深化了风投资源获取的相关研究

现有较少研究打开创业团队行为黑箱,本书从行业类型和市场竞争程度这两个中观环境,探讨了创业团队社会资本和风投资源获取,以及风投资源获取和企业绩效这两个关系中的调节作用。结果表明,行业类型和市场竞争各支持一部分调节。实证研究表明,制造行业内,创业团队社会资本对风投资源获取的正向影响更显著,但不调节风投资源获取对企业绩效的正向影响;在竞争激烈的市场环境里,创业团队社会资本对风投资源获取的正向影响更显著,但不调节风投资源获取对企业绩效的正向影响。

6.2.2 管理启示

(1) 创业团队要认识自身社会资本与企业的绩效密切相关,加强社会网络的建设

创业团队社会资本与企业绩效之间呈正相关关系,且社会资本的三个维度与企业绩效之间均呈正相关关系,因此,创业团队在创业过程中,应重视加强自己的社会网络,获取社会资本。按照社会资本相关理论,外部网络有利于企业获取资源,内部网络有利于团队成员的一致性。本书研究的是外部网络带来的社会资源,即从政府、企业以及社会联系的三个维度研究创业团队社会资本。也即创业团队要加强与政府、行业内外企业、金融机构的联系,拓展社会网络关系,加强与这些机构的联系,充分利用信息渠道,与外界合作交流,不能闭门造车,只专注产品或者客户。因为创业企业面临进入缺陷,无论人力、物力还是财力都面临不足,但在政府大力支持创业的环境下,能够得到政府的支持,无论在资源还是资金扶持,都对企业有极大帮助。创业公司都会面临资金短缺的问题,这是创业初期的难点之一,因此与金融机构建立联系能帮助企业获取低成本的资金,并有利于企业在创立之初就树立理性的财务理念,有利于企业的长远发展。企业内外机构的联系,有助于企业在经营过程中资源合作,共同克服经营难题。对于新生的企业,面临实力较弱的现状,需充分利用多方社会网络,获取所需资源,从而达到合作共赢的结果,这远比自己单打独斗能获得更好的企业绩效。组建团队前就可以选择社会资源互补的团队成员,团队组建后,创业团队应发挥团队所长,团队成员在自己熟悉的领域加强与政府、金融机构等主体单位的合作交流,让整个创业团队拥有比较强大的社会资本。

(2) 创业团队需要认识风险投资资源获取对于社会资本转化成企业绩效的重要性

创业团队在制定企业目标并达成企业增长和利润的结果时，应充分考虑资源获取的作用，特别是风投资源的获取，不能过于盲目自信地进行独立工作，应充分利用创业团队自身的内外部社会资本进行资源的获取与整合。强调资源获取的重要性是因为创业初期往往难以获取必需资源，即使在市场上进行自由交换，也往往因为创业前景的不明朗，或者因为信息不对称，资源拥有者很难对企业未来的成长和盈利性进行评估，从而导致资源拥有者宁愿把资源给成熟企业，也不给创业企业。

强调风投资源获取的重要性是因为风险投资除了提供财务资源外，还能增加企业价值。风投不仅为创业公司发展提供必要的资金公司，而且还通过参与决策，提高企业的价值。在创业过程中，创业公司很少依靠内部的现金流，而在创业者可获得的外部资金来源中，风险资本不仅可以提供他们所需的财务资源，甚至还会提供超越财政资源以外的增值服务，帮助提高公司绩效。有研究表明，在VC投资事件发生后的几个月内，公司的增长速度会加快。风险投资还会帮助创业公司进行网络、招聘和战略决策，通过与利益相关方（如潜在客户、供应商和员工）进行重要联系，从而提高公司业绩。风险投资公司还可以帮助企业在企业生命周期的后期阶段吸引其他类型的资金，例如通过吸引高质量的承销商进行IPO。风险投资公司可以通过改善治理结构、人力资源政策和制定股票期权计划来增加被资助公司的专业化程度。风险投资的知识和技能通常是对企业能力的补充，从而增加被资助公司的绩效。风险投资还向那些往往无法获得传统投资形式资助的公司提供财务资源。此外，风险投资者通过向潜在利益相关者发出积极信号增加投资附加值，使得风险投资成为一种背书，增加创业公司的合法性。因此，创业团队有必要去对接风投资源，来帮助企业提升绩效。

(3) 创业团队需要充分利用社会资本，克服与资源拥有者之间的信息不对称

由于创业者与资源持有者之间的信息不对称，使得风投机构的风险变大。创业团队对公司现状、前景以及团队能力的了解比风投机构更多，为了获取资金，有时候甚至会投机，为隐瞒信息去获取风投，这无疑是对风投机

构利益的有害行为。所以风投为避免因为信息不对称而带来风险,会谨慎选择投资公司(投熟悉、了解的团队),这导致很多创业团队无法获取风投资源。在这种情况下,和风投机构熟悉,让风投机构更好地了解自己和信息变得十分重要。特别是在中国,风投市场并不完善,在风投市场机制并未完全形成的市场环境下,创业团队需要利用社会关系去跟资源拥有者建立联系,这有助于他们获取重要资源,并迅速加以利用,提高企业绩效。

由于创业团队面临资源约束,所以必须谨慎判断和获取资源。在检验风投资源获取的中介效应时,发现在社会资本三个维度到企业绩效的中介效应中,风投资源获取在政府联系、社会联系与企业绩效间起的是部分中介的作用,企业联系起的是完全中介的作用。即与政府和金融机构的联系部分通过风投资源获取来影响企业绩效,部分直接影响企业绩效。这表明与政府和金融机构的联系很重要,可以直接影响企业绩效。创业者可以积极争取成为人大代表、政协委员,或者努力获得政府的荣誉嘉奖,或组建团队时选择有政府工作经历的人,这能增加团队的政府社会资本,从而影响企业绩效。组建团队时选择有金融行业背景的成员,能增加创业团队社会联系。这些社会关系的建立和维持,对创业公司的日常运营均有积极的影响。

(4)不同的行业类别中,创业团队社会资本、风投资源获取、企业绩效三者间的作用有所不同

研究结论表明,在制造业中,企业联系、社会联系对风投资源获取的正相关关系更显著,而政府联系没有调节作用。这表明制造业中更应注重社会资本的获取,特别是企业和社会联系;与政府的联系对风投资源的获取不受行业类型的调节作用,可能是政治关系对企业绩效的影响是强关系,不受行业层面因素影响。但行业类型会影响到企业资本和社会资本的实现,制造业里,社会资本越多越能让企业获得更多的风投。制造业一直不是风投最关注的行业,因为投资大、回报低,所以当创业团队如果处于制造行业中,更应加强技术的改造、新产品的研发、生产流程的优化。但仅靠这些不能吸引风投的关注,因为相比服务业而言,制造业的投资回报比较低,且投资周期长。要想获得风投青睐,需要更多的建立社会联系,与风投有更多的信息沟通,增强了解,并且需要借助行业和金融机构的资源促成风投资源的获取。

（5）不同市场竞争环境中，创业团队社会资本、风投资源获取、企业绩效三者间的作用有所不同

市场竞争影响企业的成长和盈利，是风险投资评估企业时较为看重的问题。我们发现，市场竞争程度对创业团队社会资本和企业资源获取没有调节作用，可能的原因是，创业团队社会资本发挥的作用比较强，不论竞争激烈与否，都不影响创业团队能获得风险投资。但在竞争越少的市场上，风投资源对企业绩效有更显著的正向影响。这表明市场的配置作用较强，竞争越大的市场，需要更多的资源，得到较好绩效，不能完全依靠风投。

6.3 研究不足和展望

6.3.1 研究不足

(一) 理论局限

本书通过回顾相关文献，建立理论模型，并采用公开的客观数据进行实证分析，基于2009—2017年创业板689家上市公司样本，对理论假设进行系统分析和验证，得出了一些有意义的结论。整个研究力求规范和严谨，但由于相关研究成果不多、时间有限、数据可得性的限制以及研究能力的限制，使得本研究仍然有一些不足之处：

第一，静态的视角存在不足。创业是一个动态过程，创业团队从组建到稳定、壮大的过程中，创业团队社会资本对企业绩效的影响作用不尽相同。但本书从静态的视角对创业团队社会资本进行研究，选取的创业板数据是来自创业阶段性取得成功的公司。虽然成功的公司经验能为创业者提供借鉴，但并未反映创业过程全貌。特别是创业过程中最艰难的时刻，创业团队社会资本是如何获取、如何对企业绩效发挥作用，本书并没有研究。这种静态的时间节点分析，不能反映创业团队创业的完整路径和社会资本影响企业绩效的全貌。

第二，对创业团队社会资本的研究不全面，社会资本内部黑箱还未完全打开。本书只研究了创业团队社会资本的三个维度，并且这三个维度全是外部社会资本，并未考虑内部社会资本。团队内部社会资本会影响团队的

一致性,进而会影响企业绩效。在对创业团队社会资本三个维度进行研究时,只关注了三个维度是否存在,并未关注三个维度社会资本的强度、效率、效果等行为指标。

第三,本书只考虑了风投资源的获取,而未考虑其他资源获取。仅研究资源类型中的一种,实际上资源获取还包括知识资源、信息资源等。因为风险投资对创业企业来讲是一个十分重要的资源,所以本书以风险投资资源获取为研究对象。事实上,要系统研究创业公司社会资本,还需要对其他类型的资源进行深入研究。在对风投资源获取的考量上,只考虑了是否获取风投资源,而没有考虑获取风投的类型,如机构投资还是个人投资,是否有政府背景,是否有国外背景,风险投资的类型、规模等。

(二) 方法局限

第一,公开数据的局限。本书采用的是公开的客观数据,其中包括财务数据和非财务数据。但由于公开的数据受数据库的限制,有样本缺失,且数据属性有限,只能基于现有的数据进行测量计算,所以二手数据若能在一定程度上验证理论模型,还需要一手问卷调查和二手数据分析互为补充。

第二,本书采用的是横截面数据,未用面板数据对创业企业的创业过程进行跟踪。因为现有的数据库是上市公司的,本研究只能选取在上市时的时间节点,那是保留创业特征最好的时间点。但由于创业过程是动态的,最优的数据应该是面板数据。风投什么时候进入,进入后多久对企业绩效产生影响,这些都需要面板数据进行采集跟踪,才能得到完整的结果,但现有数据库的限制,使得暂时无法获取这些数据。

第三,样本的局限。创业板上市公司中企业的类型有限,大部分集中在制造业和服务业,研究行业类型调节作用的时候并未把其他类型的公司纳入分析,因此需要更多公司类型进入样本之中。由于样本企业集中在服务行业,竞争程度也会受行业的局限。

6.3.2 研究展望

第一,将静态研究与动态研究相结合,丰富研究样本。本书使用静态数据与截面数据,这符合本书的特点。但为了探讨在创业动态过程中创业团队社会资本如何发挥作用,需要用面板数据跟踪调查,并将二手数据与一手数据结合分析，引入更多样化的方法，这有利于完整分析的视角，也有利于样本的丰富，从而得出更为客观的结论。

第二，深入创业团队社会资本的研究。本研究探究了创业团队社会资本与企业绩效之间的关系，从社会资本的三个维度展开。这三个维度的社会资本实际属于外部社会资本，未来还需要继续研究创业团队的内部社会资本。此外，还需要深化社会资本的研究，不仅研究创业团队社会资本的三个维度，同时要对社会资本的关系强度、关系效率和效果进行进一步研究。

第三，拓展资源获取的研究。本书针对创业团队资源缺陷的特点，只研究了风投资源的获取，未来需要研究更多资源，如知识资源、信息资源、人力资源等，全面推进创业团队社会资本对企业绩效的影响机制。同时，资源获取的效率和效果需要进一步研究，以深化对资源获取的认识。

第四，考虑更多影响因素以完善研究。本书仅从中观环境、行业类型和市场竞争来研究调节变量，得到部分支持的结论，还有更多宏观环境和内部环境的影响因素需要考虑，这些权变因素能对结论产生影响，并进一步指导企业实践，具有较大的理论和实践意义。

参考文献

[1] Abraham R, 1997. Thinking styles as moderators of role stressor-job satisfaction relationships[J]. Leadership & Organization Development Journal, 18(5):236-243.

[2] Acquaah M, 2007. Managerial social capital, strategic orientation, and organizational performance in an emerging economy[J]. Strategic Management Journal, 28(12):1235-1255.

[3] Adizes I, 1997. Promises! Promises!: Five myths about management in the 90s[J].

[4] Adler P S, Kwon S W, 2002. Social capital:Prospects for a new concept [J]. Academy of Management Review, 27(1):17-40.

[5] Adler, Rosenberg, Sitaraman, et al, 2002. Scheduling time-constrained communication in linear networks[J]. Theory of Computing Systems, 35(6):599-623.

[6] Agarwal A, 2004. Strategic distancing in initial public offerings: Evidence from the going public decision[J]. Journal of Finance, 59(1), 237-274.

[7] Ahuja H G, Felix C A, Aplan P D, 2000. Potential role for DNA topoisomerase II poisons in the generation of t(11;20)(p15;q11) translocations[J]. Genes, Chromosomes & Cancer, 29(2):96-105.

[8] Aldrich H E, Kenworthy A L, 1999. The accidental entrepreneur: Campbellian antinomies and organizational foundings[J]. Variations in Organization Science in Honor of Donald T, 12(6):518-519.

[9] Aldrich H, Auster E R, 1986. Even dwarfs started small: Liabilities of age and size and their strategic implications[J]. Research in Organiza-

tional Behavior, 8: 165 - 198.

[10] Aldrich H E, Zimmer C, 1986. Entrepreneurship Through Social Networks[J]. California Management Review, 33: 3 - 23.

[11] Allen J B, 2005. Consonant recognition and the articulation index[J]. The Journal of the Acoustical Society of America, 117(4 Pt 1): 2212 - 2223.

[12] Alvarez S A, Busenitz L W, 2001. The entrepreneurship of resource-based theory[J]. Journal of Management, 27(6): 755 - 775.

[13] Ames L B, Learned J, Metraux R W, et al, 1961. El rorschach infantil[J].

[14] Amit R, Schoemaker P J H, 1993. Strategic assets and organizational rent[J]. Strategic Management Journal, 14(1): 33 - 46.

[15] Ancona D G, Caldwell D F, 1992. Demography and design: Predictors of new product team performance[J]. Organization Science, 3(3): 321 - 341.

[16] Antoncic B, Scarlat C, 2008. Corporate Entrepreneurship Performance: Slovenia and Romania=Notranje podjetništvo in poslovni rezultati: Slovenija in Romunija[J]. Management, 3(1): 15 - 38.

[17] Ardichvili A, Cardozo R, Ray S, 2003. A theory of entrepreneurial opportunity identification and development[J]. Journal of Business Venturing, 18(1): 105 - 123.

[18] Aspelund A, Berg-Utby T, Skjevdal R, 2005. Initial resources' influence on new venture survival: A longitudinal study of new technology-based firms[J]. Technovation, 25(11): 1337 - 1347.

[19] Bai S, Yang L L, et al, 2006. Patterned Ag film with superhydrophobic properties[J]. Acta Physico-Chimica Sinica, 22(10): 1296 - 1299.

[20] Baker J, 2003. Early Specialization in Youth Sport: A requirement for adult expertise? [J]. High Ability Studies, 14(1): 85 - 94.

[21] Balakrishnan K, Cohen D A, et al, 2009. Product Market Competition, Financial Accounting Misreporting and Corporate Governance:

Evidence from Accounting Restatements[J].

[22] Bamford C E, Dean T J, Douglas T J, 2004. The temporal nature of growth determinants in new bank foundings: Implications for new venture research design[J]. Journal of Business Venturing, 19(6): 899 – 919.

[23] Bamford C E, Dean T J, McDougall P P, 2000. An examination of the impact of initial founding conditions and decisions upon the performance of new bank start-ups[J]. Journal of Business Venturing, 15(3): 253 – 277.

[24] Bantel K A, Jackson S E, 2010. Top management and innovations in banking: Does the composition of the top team make a difference? [J]. Strategic Management Journal, 10(S1): 107 – 124.

[25] Barnard C I, 1938. The functions of the executive[J]. Journal of Political Economy, 11(2): 456.

[26] Barney J, Wright M, Ketchen Jr. D J, 2001. The resource-based view of the firm: Ten years after 1991[J]. Journal of Management, 27(6): 625 – 641.

[27] Barney J, 1986. Strategic factor markets: Expectations, luck, and business strategy[J]. Management Science, 32: 1231 – 1241.

[28] Barney J, 1991. Firm resources and sustained competitive advantage [J]. Journal of Management, 17(1): 99 – 120.

[29] Baron R M, Kenny D A, 1986. The moderator-mediator variable distinction in social psychological research: conceptual, strategic, and statistical considerations[J]. Journal of Personality and Social Psychology, 51(6): 1173 – 1182.

[30] Barringer B R, Jones F F, Neubaum D O, 2005. A quantitative content analysis of the characteristics of rapid-growth firms and their founders [J]. Journal of Business Venturing, 20(5): 663 – 687.

[31] Bates J, 1998. Forecasting the environmental effects of road pricing in London[M]//Environment and Transport in Economic Modelling.

Dordrecht: Springer Netherlands: 183 – 205.

[32] Batjargal B, Liu M, 2004. Entrepreneurs' access to private equity in China: The role of social capital[J]. Organization Science, 15(2): 159 – 172.

[33] Batt R, 2002. Managing customer services: human resource practices, quit rates, and sales growth[J]. Academy of Management Journal, 45(3): 587 – 597.

[34] Becker R J, McReynolds L, Olson K F, et al, 1987. Debating Recreational Use[J]. Journal AWWA, 79(12): 10 – 22.

[35] Becker G S, 1964. Human Capital: A Theoretical and Empirical Analysis with Special Reference to Education[M]. University of Chicago Press.

[36] Beckman C M, Burton M D, O'Reilly C, 2007. Early teams: The impact of team demography on VC financing and going public[J]. Journal of Business Venturing, 22(2): 147 – 173.

[37] Beckman C M, Burton M D, 2008. Founding the future: Path dependence in the evolution of top management teams from founding to IPO[J]. Organization Science, 19(1): 3 – 24.

[38] Beckman M, 2006. Great balls of fat[J]. Science, 311(5765): 1232 – 1234.

[39] Bell S T, Villado A J, Lukasik M A, et al, 2011. Getting specific about demographic diversity variable and team performance relationships: A meta – analysis[J]. Journal of Management, 37(3): 709 – 743.

[40] Bena I, Giusto S, Ruef C, et al, 2010. Supergravity solutions from floating branes[J]. Journal of High Energy Physics, (3): 47.

[41] Bergemann D, Hege U, 1998. Venture capital financing, moral hazard, and learning[J]. Journal of Banking & Finance, 22(6/7/8): 703 – 735.

[42] Berscheid E, Walster E H, 1978. Interpersonal Attraction (2nd ed.)[J]. Reading, MA: Addison – Wesley.

[43] Birley J, 1985. The therapeutic state: Psychiatry in the mirror of cur-

rent events[J]. Journal of Neurology, Neurosurgery & Psychiatry, 48(9):963-964.

[44] Black J A, Boal K B, 1994. Strategic resources: Traits, configurations and paths to sustainable competitive advantage[M]//Interactive computing: Infotech Information, 15(S2): 131-148.

[45] Blundell R, Macurdy T, 1999. Labor supply: A review of alternative approaches[M]//Handbook of Labor Economics, 3(1998): 1559-1695.

[46] Boccardelli P, Magnusson M G, 2006. Dynamic capabilities in early-phase entrepreneurship[J]. Knowledge and Process Management, 13(3):162-174.

[47] Bollingtoft A, Ulhoi B P, 2005. The Networked Business Models: How Virtualization, Sourcing and Cooperation Change the Way We Create Value[J]. Journal of Management Studies, 42(3), 555-576.

[48] Bolton P, Scharfstein D S, 1990. A theory of predation based on agency problems in financial contracting[J]. American Economic Review, 80(1):93-106.

[49] Borgatti S P, 2005. Centrality and network flow[J]. Social Networks, 27(1):55-71.

[50] Bosma, Cameroni A, Blundell R, et al, 2002. Oklahoma Sites Still in Running for Amphitheater[J]. 21(3).

[51] Bottazzi L, Da Rin M, 2002. Venture capital in Europe and the financing of innovative companies[J]. Economic Policy, 17(34):229-270.

[52] Bourdieu P, Nice R, 1977. Outline of a theory of practice[M]. Cambridge: Cambridge University Press.

[53] Bourdieu P, 1986. Forms of capital[M]//The Forms of Capital. Blackwell Publishers Ltd.

[54] Brander J A, Lewis T R, 1986. Oligopoly and Financial Structure: The Limited Liability Effect[J]. American Economic Review, 76(5): 956-970.

[55] Brinckmann J, Hoegl M, 2011. Effects of initial teamwork capability and initial relational capability on the development of new technology-based firms[J]. Strategic Entrepreneurship Journal, 5(1):37-57.

[56] Brouthers K D, Nakos G, 2004. SME entry mode choice and performance: A transaction cost perspective[J]. Entrepreneurship Theory and Practice, 28(3):229-247.

[57] Bruderl J, Preisendorfer P, 1998. Network support and the success of newly founded business[J]. Small Business Economics, 10(3):213-225.

[58] Brumbrach, 1998. Performance Management[M]. The Cromwell Press.

[59] Brush C G, Greene P G, Hart M M, 2001. From initial idea to unique advantage: The entrepreneurial challenge of constructing a resource base[J]. The Academy of Management Executive (1993—2005), 15(1):64-80.

[60] Brush C G, Vanderwerf P A, 1992. A comparison of methods and sources for obtaining estimates of new venture performance[J]. Journal of Business Venturing, 7(2):157-170.

[61] Brush T H, Bromiley P, Hendrickx M, 2000. The free cash flow hypothesis for sales growth and firm performance[J]. Strategic Management Journal, 21(4):455-472.

[62] Bunderson J S, Sutcliffe K M, 2002. Why some teams emphasize learning more than others: Evidence from business unit management teams[J]. Research on Managing Groups and Teams, 4(2):49-84.

[63] Burt R, 1997. The network structure of social capital: Formation of an industry network[J]. Organization Science, 8(2):109-125.

[64] Burt R S, 2003. The social structure of competition[M]. Free Press.

[65] Burt L W, 1991. Homological theory of bocs representations[M]. University of Liverpool.

[66] Burton M D, 2002. Technology strategy and the evolution of the In-

ternet: Evidence from the banking industry[J]. Journal of Management Information Systems, 19(1), 137-160.

[67] Buyl T, Boone C, Hendriks W, et al, 2011. Top management team functional diversity and firm performance: The moderating role of CEO characteristics[J]. Journal of Management Studies, 48(1): 151-177.

[68] Burt R S, 1992. Structural holes: The social structure of competition [M]. Harvard University Press.

[69] Burt R S, 2000. The network structure of social capital[J]. Research in Organizational Behavior, 22: 345-423.

[70] Byrne D E, 1971. The attraction paradigm[M]. New York: Academic Press.

[71] Byrne D, Clore G L, Worchel P, 1966. Effect of economic similarity-dissimilarity on interpersonal attraction[J]. Journal of Personality and Social Psychology, 4(2): 220-224.

[72] Cannella A A Jr, Park J H, Lee H U, 2008. Top management team functional background diversity and firm performance: Examining the roles of team member colocation and environmental uncertainty[J]. Academy of Management Journal, 51(4): 768-784.

[73] Carpenter, Mason A, Geletkanycz M A, Sanders W G, 2004. Upper echelons research revisited: Antecedents, elements, and consequences of top management team composition[J]. Journal of Management, 30(6): 749-778.

[74] Carpenter M A, Sanders W G, 2002. Top management team compensation: The missing link between CEO pay and firm performance? [J]. Strategic Management Journal, 23(4): 367-375.

[75] Carter N M, Gartner W B, Reynolds P D, 1996. Exploring start-up event sequences[J]. Journal of Business Venturing, 11(3): 151-166.

[76] Cartner J O. Trailing wing mower with hydraulic breakaway system: US, US 4495754 A[P]. 1985-01-29.

[77] Certo S T, Hodge F, 2007. Top Management Team Prestige and Organizational Legitimacy: An Examination of Investor Perceptions[J]. Journal of Managerial Issues, 19 (4): 461 – 477.

[78] Chakravarthy B S, 1986. Measuring strategic performance[J]. Strategic Management Journal, 7(5): 437 – 458.

[79] Chakravarty A K, Sarkar T, Masuda K, et al, 1999. Carbazole alkaloids from roots of *Glycosmis arborea*[J]. Phytochemistry, 50(7): 1263 – 1266.

[80] Chamberlin R V, 1933. New Genera and species of North American Paraiulidae[J]. University of Utah, 30(11): 1 – 38.

[81] Chandler G N, Hanks S H, 1993. Measuring the performance of emerging businesses: A validation study[J]. Journal of Business Venturing, 8(5): 391 – 408.

[82] Chandler G N, Lyon D W, 2001. Issues of research design and construct measurement in entrepreneurship research: The past decade [J]. Entrepreneurship Theory and Practice, 25(4): 101 – 113.

[83] Chandler R L, 1962. Encephalopathy in mice[J]. Lancet, 279(7220): 107 – 108.

[84] Chang S J, 2004. Venture capital financing, strategic alliances, and the initial public offerings of Internet startups[J]. Journal of Business Venturing, 19(5): 721 – 741.

[85] Child J, 1972. Organization structure and strategies of control: A replication of the Aston study[J]. Administrative Science Quarterly, 17 (2): 163.

[86] Chowdhury S, 2005. Demographic diversity for building an effective entrepreneurial team: Is it important? [J]. Journal of Business Venturing, 20(6): 727 – 746.

[87] Chrisman J J, Bauerschmidt A, Hofer C W, 1998. The determinants of new venture performance: An extended model[J]. Entrepreneurship Theory and Practice, 23(1): 5 – 29.

[88] Claessens S, Feijen E, Laeven L, 2008. Political connections and preferential access to finance: The role of campaign contributions[J]. Journal of Financial Economics, 88(3):554-580.

[89] Coleman S K, 1990. Riken from 1945 to 1948: The reorganization of Japan's physical and chemical research institute under the American occupation[J]. Technology and Culture, 31(2):228-250.

[90] Coleman J S, 1988. Free Riders and Zealots: The Role of Social Networks[J]. Sociological Theory, 6(1):52.

[91] Collins C J, Clark K D, 2003. Strategic human resource practices, top management team social networks, and firm performance: The role of human resource practices in creating organizational competitive advantage[J]. Academy of Management Journal, 46(6):740-751.

[92] Colombo M G, Grilli L, 2005. Start-up size: The role of external financing[J]. Economics Letters, 88(2):243-250.

[93] Conner R L, Thomas J B, Whelan E D P, 1991. Comparison of mite resistance for control of wheat streak mosaic[J]. Crop Science, 31(2):315-318.

[94] Cooney T M, 2005. Editorial: What is an entrepreneurial team? [J]. International Small Business Journal: Researching Entrepreneurship, 23(3):226-235.

[95] Cooper A C, Bruno A V, 1977. Success among high-technology firms [J]. Business Horizons, 20(2):16-22.

[96] Cooper A C, Gimeno F J, 1992. Entrepreneurs, processes of founding and new firm performance[J]. Gascon.

[97] Cooper A C, Folta T B, Woo C, 1995. Entrepreneurial information search[J]. Journal of Business Venturing, 10(2):107-120.

[98] Cooper B L, 1990. Christmas Songs as American Cultural History: Audio Resources for Classroom Investigation[J]. Social Education, 54(6):374-379.

[99] Covin J G, Slevin D P, 1989. Strategic management of small firms in

hostile and benign environments[J]. Strategic Management Journal, 10(1):75-87.

[100] Cremers K J M, Nair V B, Wei C, 2007. Governance Mechanisms and Bond Prices[J]. Review of Financial Studies, 20(5):1359-1388.

[101] Croce A, Marti J, Murtinu S, 2013. The impact of venture capital on the productivity growth of European entrepreneurial firms: 'Screening' or 'value added' effect? [J]. Journal of Business Venturing, 28(4):489-510.

[102] Crocker J, Major B, 1989. Social stigma and self-esteem: The self-protective properties of stigma [J]. Psychological Review, 96(4):608-630.

[103] Cumming D J, 2010. Venture capital: Investment strategies, structures, and policies[M]. Wiley.

[104] Cyert R M, March J G, 1963. A behavioral theory of the firm. [M]//A behavioral theory of the firm:93-107.

[105] Dacin M T, Oliver C, Roy J P, 2007. The legitimacy of strategic alliances: An institutional perspective[J]. Strategic Management Journal, 28(2):169-187.

[106] Davidsson P, Honig B, 2003. The role of social and human capital among nascent entrepreneurs[J]. Journal of Business Venturing, 18(3):301-331.

[107] Davidsson P, 2008. Method challenges and opportunities in the psychological study of entrepreneurship [M]//The Entrepreneurship Research Challenge.

[108] Davila A, Foster G, Gupta M, 2003. Venture capital financing and the growth of startup firms[J]. Journal of Business Venturing, 18(6):689-708.

[109] Davis A E, Aldrich H E, Longest K C, 2009. Resource drain or process gains? Team status characteristics and group functioning

among startup teams[J]. Frontiers of Entrepreneurship Research.

[110] De Clercq B, De Fruyt F, Van Leeuwen K, et al, 2006. The structure of maladaptive personality traits in childhood: A step toward an integrative developmental perspective for DSM-V[J]. Journal of Abnormal Psychology, 115(4): 639-657.

[111] Deeds R E, Gould W B, 1997. 50 YEARS OF U. S. LABOR LAW AND Industrial Relations Developments[J]. Perspectives on Work, 1(2): 36-39.

[112] Delaney J T, Huselid M A, 1996. The impact of human resource management practices on perceptions of organizational performance[J]. Academy of Management Journal, 39(4): 949-969.

[113] Dierickx I, Cool K, 1989. Asset stock accumulation and sustainability of competitive advantage[J]. Management Science, 35(12): 1504-1511.

[114] Dyer J H, Singh H, 1998. The relational view: Cooperative strategy and sources of interorganizational competitive advantage[J]. Academy of Management Review, 23(4): 660-679.

[115] Eddleston K A, Kellermanns F W, Sarathy R, 2008. Resource configuration in family firms: Linking resources, strategic planning and technological opportunities to performance[J]. Journal of Management Studies, 45(1): 26-50.

[116] Eisenhardt K M, Martin J A, 2000. Dynamic capabilities: What do capabilities come from and how do they matter: A study in the software services industry[J]. Strategic Management Journal, 21(10-11): 1105-1121.

[117] Eisenhardt K M, Schoonhoven C B, 1990. Organizational Growth: Linking Founding Team, Strategy, Environment, and Growth Among U. S. Semiconductor Ventures, 1978—1988[J]. Administrative Science Quarterly, 35(3): 504-529.

[118] Eisenhardt K M, Schoonhoven C B, 1996. Resource-based View of

Strategic Alliance Formation: Strategic and Social Effects in Entrepreneurial Firms[J]. Organization Science,7(2):103-209.

[119] Elfring T,Hulsink W,2007. Networking by entrepreneurs:Patterns of Tie—formation in emerging organizations[J]. Organization Studies,28(12):1849-1872.

[120] Ensley M D,Carland J A C,Carland J W,1998. Assessing Founder Status in Entrepreneurship: A Definitional Perspective[J]. Journal of Business & Entrepreneurship.

[121] Ensley M D,Hmieleski K M,2005. A comparative study of new venture top management team composition, dynamics and performance between university-based and independent start-ups[J]. Research Policy,34(7):1091-1105.

[122] Ensley M D,Pearson A W,Amason A C,2002. Understanding the dynamics of new venture top management teams:Cohesion,conflict, and new venture performance[J]. Journal of Business Venturing,17 (4):365-386.

[123] Erikson T,2002. Entrepreneurial capital:The emerging venture's most important asset and competitive advantage[J]. Journal of Business Venturing,17(3):275-290.

[124] Evans D S,Jovanovic B,1989. An estimated model of entrepreneurial choice under liquidity constraints[J]. Journal of Political Economy, 97(4):808-827.

[125] Faccio M,Masulis R W,McConnell J J,2006. Political connections and corporate bailouts[J]. The Journal of Finance,61(6):2597-2635.

[126] Fan J P H,Wong T J,Zhang TY,2007. Organizational structure as a decentralization device:Evidence from corporate Pyramids[J]. SSRN Electronic Journal.

[127] Feeser H R,Willard G E,1990. Founding strategy and performance: A comparison of high and low growth high tech firms[J]. Strategic

Management Journal,11(2):87-98.

[128] Felicio J A,Couto E,Caiado J,2012. Human capital and social capital in entrepreneurs and managers of small and medium enterprises[J]. Journal of Business Economics and Management,13(3):395-420.

[129] Fischer J, Manfred M,2012. Human behavior and sustainability[J]. Ecology and Society,10(3):153-160.

[130] Fischer H M,Pollock T G,2004. Effects of social capital and power on surviving transformational change: The case of initial public offerings[J]. Academy of Management Journal,47(4):463-481.

[131] Florida R L, Kenney M, 1988. Venture capital-financed innovation and technological change in the USA[J]. Research Policy,17(3):119-137.

[132] Florin J, Lubatkin M, Schulze W, 2003. A social capital model of high-growth ventures[J]. Academy of Management Journal,46(3):374-384.

[133] Foo M D,Sin H P,Yiong L P,2006. Effects of team inputs and intrateam processes on perceptions of team viability and member satisfaction in nascent ventures[J]. Strategic Management Journal,27(4):389-399.

[134] Foss N J,Lyngsie J,Zahra S A,2013. The role of external knowledge sources and organizational design in the process of opportunity exploitation[J]. Strategic Management Journal,34(12):1453-1471.

[135] Freeman I L,1983. Views on social security: An examination of public attitudes to social security in the West of Scotland and social security legislation[J]. Electronic Notes in Theoretical Computer Science,142(2):195-213.

[136] Fried V H,Hisrich R D,1994. Toward a model of venture capital investment decision making[J]. Financial Management,23(3):28.

[137] Fukuyama F, 1995. Trust: The social virtues and the creation of prosperity[M]. New York: Free Press.

[138] Gargiulo M,Benassi M,1999. The dark side of social capital[M]// Corporate Social Capital and Liability. Boston, MA: Springer US: 298-322.

[139] Garnsey E,1998. A theory of the early growth of the firm[J]. Industrial and Corporate Change,7(3):523-556.

[140] Garnsey E,2002. The growth of new ventures: Analysis after Penrose [M]//The Growth of the Firm:101-126.

[141] Gartner W B,Shaver K G,Gatewood E, et al,1994. Finding the entrepreneur in entrepreneurship[J]. Entrepreneurship Theory and Practice,18(3):5-9.

[142] Gimeno J,Folta T B,Cooper A C,et al,1997. Survival of the fittest? entrepreneurial human capital and the persistence of underperforming firms[J]. Administrative Science Quarterly,42(4):750.

[143] Gladwell V F,Coote J H,2002. Heart rate at the onset of muscle contraction and during passive muscle stretch in humans: A role for mechanoreceptors[J]. Journal of Physiology,540(Pt 3):1095-1102.

[144] Gompers P,Lerner J,2001. The venture capital revolution[J]. Journal of Economic Perspectives,15(2):145-168.

[145] Gompers P A, Lerner J,1999. The Venture Capital Cycle Cambridge: MIT[C]//International Symposium on Mobile Agents.

[146] Gompers P A,1995. Optimal investment,monitoring,and the staging of venture capital[J]. The Journal of Finance,50(5):1461-1489.

[147] Gordon W, Kogut B, Shan W,1997. Social capital, structural holes and the formation of an industry network. Organization Science,INFORMS,(8)2:109-125.

[148] Gorman M, Sahlman W A, 1989. What do venture capitalists do? [J]. Journal of Business Venturing,4(4):231-248.

[149] Grandi A,Grimaldi R,2005. Academics' organizational characteristics and the generation of successful business ideas[J]. Journal of Business Venturing,20(6):821-845.

[150] Granovetter M S,1995. Getting A Job: A Study of Contacts and Careers[M]. Chicago:University of Chicago Press.

[151] Granovetter M,1985. Economic action and social structure: The problem of embeddedness[J]. American Journal of Sociology,91(3):481-510.

[152] Granovetter M,1992. Problems of explanation in economic sociology[J]. Networks and organizations: Structure, form, and action,25:56.

[153] Granovetter M S,1973. Strength of weak ties[J]. American Journal of Sociology,78(6):1360-1380.

[154] Grant A E,Guthrie K K,Ballrokeach S J,1991. Television Shopping[J]. Communication Research,18(6):773-798.

[155] Greene P G,Brown T E,1997. Resource needs and the dynamic capitalism typology[J]. Journal of Business Venturing,12(3):506-512.

[156] Gruenfeld D H,Mannix E A,Williams K Y,et al,1996. Group composition and decision making:How member familiarity and information distribution affect process and performance[J]. Organizational Behavior and Human Decision Processes,67(1):1-15.

[157] Guiso L, Haliassos M,2001. Household Portfolios: An International Comparison[C]//Guiso, Haliassos, & Jappelli, Household Portfolios.

[158] Gulati R, 2007. Tent poles, tribalism, and boundary spanning: The rigor-relevance debate in management research[J]. Academy of Management Journal,50(4):775-782.

[159] Guth, William D, et al,1990. Guest editors introduction:Corporate entrepreneurship. Strategic Management Journal:5-15.

[160] Hallen B L,2008. The causes and consequences of the initial network positions of new organizations:From whom do entrepreneurs receive investments? [J]. Administrative Science Quarterly, 53(4):685-718.

[161] Haltiwanger J C, Jarmin R S, Miranda J, 2010. Who creates jobs? small vs. large vs. young[J]. SSRN Electronic Journal.

[162] Hambrick D C, Cho T S, Chen M J, 1996. The influence of top management team heterogeneity on firms' competitive moves[J]. Administrative Science Quarterly, 41(4): 659.

[163] Hambrick D C, Mason P A, 1984. Upper Echelons[J]. Automatic Control & Computer Sciences, 41(1): 39-43.

[164] Hambrick D C, 1994. NO QUARREL HERE[J]. Academy of Management Review, 19(4): 632-633.

[165] Hambrick D C, 2007. Upper echelons theory: An update[J]. Academy of Management Review, 32(2): 334-343.

[166] Hansen E L, 1995. Entrepreneurial networks and new organization growth[J]. Entrepreneurship Theory and Practice, 19(4): 7-19.

[167] Hansen M R, Simorre J P, Hanson P, et al, 1999. Identification and characterization of a novel high affinity metal-binding site in the hammerhead ribozyme[J]. RNA, 5(8): 1099-1104.

[168] Hargadon A, Sutton R I, 1997. Technology brokering and innovation in a product development firm[J]. Administrative Science Quarterly, 42(4): 716.

[169] Healy P M, Palepu K G, 2001. Information asymmetry, corporate disclosure, and the capital markets: A review of the empirical disclosure literature[J]. Journal of Accounting and Economics, 31(1/2/3): 405-440.

[170] Helfat C E, Lieberman M B, 2002. The dynamics of firm capabilities: Strategies, market-driven forcing events, and the evolution of firm capabilities[J]. Strategic Management Journal, 23(10): 915-930.

[171] Hellerstedt K, 2009. The composition of new venture teams: Its dynamics and consequences[D]. Jonkping International Business School.

[172] Hellmann T, Puri M J, 2002. Venture capital and the professionalization of start-up firms: Empirical evidence[J]. The Journal of Finance, 57(1): 169-197.

[173] Henderson J C, 2006. Tourism in Dubai: Overcoming barriers to destination development[J]. International Journal of Tourism Research, 8(2): 87-99.

[174] Heneman R L, Tansky J W, Camp S M, 2000. Human resource management practices in small and medium-sized enterprises: Unanswered questions and future research perspectives[J]. Entrepreneurship Theory and Practice, 25(1): 11-26.

[175] Henneke D, Luthje C, 2007. Interdisciplinary heterogeneity as a catalyst for product innovativeness of entrepreneurial teams[J]. Creativity and Innovation Management, 16(2): 121-132.

[176] Hills G E, Lumpkin G T, Singh R P, 1997. Opportunity recognition: Perceptions and behaviors of entrepreneurs[J]. Frontiers of Entrepreneurship Research, 17(4): 168-182.

[177] Hoang H, Antoncic B, 2003. Network-based research in entrepreneurship A critical review[J]. Journal of Business Venturing, 18(2): 165-187.

[178] Hoopes D G, Madsen T L, Walker G, 2003. Guest editors' introduction to the special issue: Why is there a resource-based view? Toward a theory of competitive heterogeneity[J]. Strategic Management Journal, 24(10): 889-902.

[179] Hou J R, Qiang L I, Zeng Y, 2009. Venture Capital, Ownership Structure and Entrepreneurial Performance[J]. R & D Management, 21(4): 10-19.

[180] Hsu M H, Ju T L, Yen C H, et al, 2007. Knowledge sharing behavior in virtual communities: The relationship between trust, self-efficacy, and outcome expectations[J]. International Journal of Human-Computer Studies, 65(2): 153-169.

[181] Hsu D H,2004. What do entrepreneurs pay for venture capital affiliation? [J]. The Journal of Finance,59(4):1805-1844.

[182] Huselid M A,1995. The Impact of Human Resource Management Practices on Turnover, Productivity, and Corporate Financial Performance[J]. Academy of Management Journal,38(3):635-672.

[183] Inkpen A C, Tsang E W K,2005. Social Capital, Networks, and Knowledge Transfer[J]. Academy of Management Review,30(1):146-165.

[184] Ireland R D, Hitt M A, Sirmon D G,2003. A model of strategic entrepreneurship:The construct and its dimensions[J]. Journal of Management,29(6):963-989.

[185] Ireland R D, Webb J W, Coombs J E,2005. Theory and methodology in entrepreneurship research[M]//Research Methodology in Strategy and Management. Bingley:Emerald (MCB UP):111-141.

[186] Jack T,2004. Molecular and genetic mechanisms of floral control[J]. The Plant Cell,16(Suppl):S1-S17.

[187] Jehn K A, Chadwick C, Thatcher S M B,1997. To agree or not to agree:The effects of value congruence,individual demographic dissimilarity, and conflict on workgroup outcomes[J]. International Journal of Conflict Management,8(4):287-305.

[188] Joshi A, Roh H,2009. The role of context in work team diversity research:A meta-analytic review[J]. Academy of Management Journal,52(3):599-627.

[189] Kamm J B, Shuman J C, Seeger J A, et al,1990. Entrepreneurial teams in new venture creation:A research agenda[J]. Entrepreneurship Theory and Practice,14(4):7-17.

[190] Kaplan R S, Norton D P,2001. The strategy-focused organization[J]. Strategy & Leadership,29(3):531-532.

[191] Kaplan S N, Stromberg P,2004. Characteristics, contracts, and actions:Evidence from venture capitalist analyses[J]. The Journal of

Finance,59(5):2177-2210.

[192] Katz J,Gartner W B,1988. Properties of emerging organizations[J]. Academy of Management Review,13(3):429-441.

[193] Kazanjian R K,1988. Relation of dominant problems to stages of growth in technology-based new ventures[J]. Academy of Management Journal,31(2):257-279.

[194] Keuschnigg C,Nielsen S B,2004. Start-ups,venture capitalists,and the capital gains tax[J]. Journal of Public Economics,88(5):1011-1042.

[195] Kim J Y R,Steensma H K,Park H D,2019. The influence of technological links,social ties,and incumbent firm opportunistic propensity on the formation of corporate venture capital deals[J]. Journal of Management,45(4):1595-1622.

[196] Klotz A C,Hmieleski K M,Bradley B H,et al,2014. New venture teams:A review of the literature and roadmap for future research [J]. Journal of Management,40(1):226-255.

[197] Klepper S,2002. The capabilities of new firms and the evolution of the US automobile industry[J]. Industrial and Corporate Change,11 (4):645-666.

[198] Knockaert M,Ucbasaran D,Wright M,et al,2011. The relationship between knowledge transfer,top management team composition,and performance:The case of science—based entrepreneurial firms[J]. Entrepreneurship Theory and Practice,35(4):777-803.

[199] Kogut B,1997. Knowledge of the firm:Combinative capabilities,and the replication of technology[M]//Knowledge in Organisations. Amsterdam:Elsevier:17-35.

[200] Kor Y Y,2003. Experience-based top management team competence and sustained growth[J]. Organization Science,14(6):707-719.

[201] Kotter J P,1982. The general managers[M]//New York:Free Press.

[202] Kozlowski S W J,Ilgen D R,2006. Enhancing the effectiveness of

work groups and teams[J]. Psychological Science in the Public Interest,7(3):77-124.

[203] Krackhardt D,Hanson J R,1993. Informal networks:The company behind the chart[J]. Harvard Business Review,71(4):104-111.

[204] Kramer R M,1991. Intergroup relations and organizational dilemmas:The role of categorization processes[J]. Research in Organizational Behavior,13:191-207.

[205] Kroll M,Walters B A,Le S A,2007. The impact of board composition and top management team ownership structure on post-IPO performance in young entrepreneurial firms[J]. Academy of Management Journal,50(5):1198-1216.

[206] Larson A,Starr J A,1993. A network model of organization formation[J]. Entrepreneurship Theory and Practice,17(2):5-15.

[207] Lavie D,2012. The case for a process theory of resource accumulation and deployment[J]. Strategic Organization,10(3):316-323.

[208] Lechler T,2001. Social interaction:A determinant of entrepreneurial team venture success[J]. Small Business Economics,16(4):263-278.

[209] Lechner C,Dowling M,Welpe I,2006. Firm networks and firm development:The role of the relational mix[J]. Journal of Business Venturing,21(4):514-540.

[210] Lee C,Lee K,Pennings J M,2001. Internal capabilities,external networks,and performance:A study on technology-based ventures[J]. Strategic Management Journal,22(6/7):615-640.

[211] Lee P M,Wahal S,2004. Grandstanding,certification and the underpricing of venture capital backed IPOs[J]. Journal of Financial Economics,73(2):375-407.

[212] Lerner J,1994. The syndication of venture capital investments[J]. Financial Management,23(3):16.

[213] Lerner J,1995. Venture capitalists and the oversight of private firms

[J]. The Journal of Finance,50(1):301 - 318.

[214] Li D,Eden L,Hitt M A,et al,2008. Friends,acquaintances,or strangers? partner selection in R&D alliances[J]. Academy of Management Journal,51(2):315 - 334.

[215] Li J T,Hambrick D C,2005. Factional groups:A new vantage on demographic faultlines,conflict,and disintegration in work teams[J]. Academy of Management Journal,48(5):794 - 813.

[216] Li X L,Zhang L,Wang X R,et al,2007. Langmuir-blodgett assembly of densely aligned single-walled carbon nanotubes from bulk materials[J]. Journal of the American Chemical Society,129(16):4890 - 4891.

[217] Lichtenstein B M B,Brush C G,2001. How do "resource bundles" develop and change in new ventures? A dynamic model and longitudinal exploration[J]. Entrepreneurship Theory and Practice,25(3):37 - 58.

[218] Lin N,2001. Social capital:A theory of social structure and action[M]. Cambridge:Cambridge University Press.

[219] Lin W T,Liu YS,Cheng K Y,2011. The internationalization and performance of a firm:Moderating effect of a firm's behavior[J]. Journal of International Management,17(1):83 - 95.

[220] Lindsey L,2008. Blurring firm boundaries:The role of venture capital in strategic alliances[J]. The Journal of Finance,63(3):1137 - 1168.

[221] Lounsbury M,Glynn M A,2001. Cultural entrepreneurship:Stories,legitimacy,and the acquisition of resources[J]. Strategic Management Journal,22(6/7):545 - 564.

[222] Lubatkin M H,Simsek Z,Ling Y,et al,2006. Ambidexterity and performance in small-to medium-sized firms:The pivotal role of top management team behavioral integration[J]. Journal of Management,32(5):646 - 672.

[223] MacMillan I C, Kulow D M, Khoylian R, 1989. Venture capitalists' involvement in their investments: Extent and performance[J]. Journal of Business Venturing, 4(1): 27 – 47.

[224] Martin P, Shanahan K A, 1983. Transcending the effects of sex composition in small groups[J]. Social Work with Groups, 6(3/4): 19 – 32.

[225] Mayer M, Heinzel W, Muller R, 1990. Performance of new technology-based firms in the Federal Republic of Germany at the stage of market entry[J]. Entrepreneurship & Regional Development, 2(2): 125 – 138.

[226] McClelland D C, 1987. Characteristics of successful entrepreneurs[J]. The Journal of Creative Behavior, 21(3): 219 – 233.

[227] Milanov H, Shepherd D A, 2013. The importance of the first relationship: The ongoing influence of initial network on future status[J]. Strategic Management Journal, 34(6): 727 – 750.

[228] Mintzberg H, Raisinghani D, Theoret A, 1976. The structure of "unstructured" decision processes[J]. Administrative Science Quarterly, 21(2): 246.

[229] Mishina Y, Pollock T G, Porac J F, 2004. Are more resources always better for growth? Resource stickiness in market and product expansion[J]. Strategic Management Journal, 25(12): 1179 – 1197.

[230] Moran L, 2005. Blowing My Cover: My Life as a CIA Spy[M].

[231] Moreland R L, 1985. Social categorization and the assimilation of "new" group members[J]. Journal of Personality and Social Psychology, 48(5): 1173 – 1190.

[232] Murphy G B, Trailer J W, Hill R C, 1996. Measuring performance in entrepreneurship research[J]. Journal of Business Research, 36(1): 15 – 23.

[233] Nahapiet J, 2000. Social capital, intellectual capital, and the organizational advantage[M]//Knowledge and Social Capital. Amsterdam:

Elsevier: 119 - 157.

[234] Nahapiet J, Ghoshal S, 1998. Social capital, intellectual capital, and the organizational advantage[J]. Academy of Management Review, 23(2): 242 - 266.

[235] Nelson R R, Winter S G, 1982. The Schumpeterian Tradeoff Revisited[J]. American Economic Review, 72(1): 114 - 132.

[236] Ozgen E, Baron R A, 2007. Social sources of information in opportunity recognition: Effects of mentors, industry networks, and professional forums[J]. Journal of Business Venturing, 22(2): 174 - 192.

[237] Palmer D, Friedland R, Singh J V, 1986. The ties that bind: Organizational and class bases of stability in a corporate interlock network [J]. American Sociological Review, 51(6): 781.

[238] Park S, Bae Z T, 2004. New venture strategies in a developing country: Identifying a typology and examining growth patterns through case studies[J]. Journal of Business Venturing, 19(1): 81 - 105.

[239] Pelled L H, Eisenhardt K M, Xin K R, 1999. Exploring the black box: An analysis of work group diversity, conflict and performance [J]. Administrative Science Quarterly, 44(1): 1 - 28.

[240] Peng M W, Luo Y D, 2000. Managerial ties and firm performance in a transition economy: The nature of a micro-macro link[J]. Academy of Management Journal, 43(3): 486 - 501.

[241] Penrose E T, 1959. The theory of the growth of the firm[M]. New York: Wiley.

[242] Peteraf M A, Barney J B, 2003. Unraveling the resource-based tangle [J]. Managerial and Decision Economics, 24(4): 309 - 323.

[243] Peters T J, Waterman R H, 1982. How the best-run companies turn so-so performers into big winners[J]. Management Review.

[244] Pettus M L, 2001. The resource-based view as a developmental growth process: Evidence from the deregulated trucking industry[J]. Academy of Management Journal, 44(4): 878 - 896.

[245] Phillips R H,2002. A genealogical approach to pure strategy equilibrium selection: Comment. Games and Economic Behavior,41:283 – 291.

[246] Portes A, Sensenbrenner J,1993. Embeddedness and immigration: Notes on the social determinants of economic action[J]. American Journal of Sociology,98(6):1320 – 1350.

[247] Putnam J L,Scott T W,1995. Blood-feeding behavior of dengue-2 virus-infected *Aedes aegypti*[J]. The American Journal of Tropical Medicine and Hygiene,52(3):225 – 227.

[248] Putnam R D,1993. The Prosperous Community[C]//The American Prospect.

[249] Quinn R E,Cameron K,1983. Organizational life cycles and shifting criteria of effectiveness:Some preliminary evidence[J]. Management Science,29(1):33 – 51.

[250] Reagans R,Zuckerman E W,2001. Networks,diversity,and productivity:The social capital of corporate R&D teams[J]. Organization Science,12(4):502 – 517.

[251] Reich R B,1987. Entrepreneurship reconsidered: The team as hero [J]. Harvard Business Review,65(3):77 – 83.

[252] Renzulli L A, Aldrich H, Moody J,2000. Family matters:Gender, networks,and entrepreneurial outcomes[J]. Social Forces, 79 (2): 523 – 546.

[253] Reuber A R,Fischer E,2002. Foreign sales and small firm growth: The moderating role of the management team[J]. Entrepreneurship Theory and Practice,27(1):29 – 45.

[254] Ricardo D,1817. The first six chapters of the principles of political economy and taxation of David Ricardo [M]. Macmillan and Company.

[255] Roberts M J, Barley L,2004. How venture capitalists evaluate potential venture opportunities[M]. Harvard Business School.

[256] Robinson J,1933. The Economics of Imperfect Competition[M].

[257] Robinson P B,Sexton E A,1994. The effect of education and experience on self-employment success[J]. Journal of Business Venturing,9(2):141–156.

[258] Robinson J P,1999. Measuring Corporate Performance with Profit Margin[J]. Journal of Corporate Performance Measurement,3(4):5–15.

[259] Rogers E M,2003. Diffusion of Innovations (5th ed.)[M]. New York:Free Press.

[260] Rosa R,Velayuthen G,Walter T,2003. The sharemarket performance of Australian venture capital-backed and non-venture capital-backed IPOs[J]. Pacific-Basin Finance Journal,11(2):197–218.

[261] Rosenbaum M E,1986. The repulsion hypothesis:On the nondevelopment of relationships[J]. Journal of Personality and Social Psychology,51(6):1156–1166.

[262] Rosenbusch N,Brinckmann J,Muller V,2013. Does acquiring venture capital pay off for the funded firms? A meta-analysis on the relationship between venture capital investment and funded firm financial performance[J]. Journal of Business Venturing,28(3):335–353.

[263] Roure J B,Maidique M A,1986. Linking prefunding factors and high-technology venture success:An exploratory study[J]. Journal of Business Venturing,1(3):295–306.

[264] Rowley T,Berman S,2000. A brand new brand of corporate social performance[J]. Business & Society,39(4):397–418.

[265] Ruef M,Fletcher B,2003. Legacies of American slavery:Status attainment among southern blacks after emancipation[J]. Social Forces,82(2):445–480.

[266] Rulke D L,Galaskiewicz J,2000. Distribution of knowledge,group network structure,and group performance[J]. Management Science,46(5):612–625.

[267] Rumelt R P,1997. Towards a strategic theory of the firm[M]// Resources,Firms,And Strategies. Oxford:Oxford University Press.

[268] Sapienza H J,1992. When do venture capitalists add value?[J]. Journal of Business Venturing,7(1):9-27.

[269] Sapienza H J,Smith K G,Gannon M J,1988. Using subjective evaluations of organizational performance in small business research[J]. American Journal of Small Business,12(3):45-54.

[270] Sarasvathy S D,2001. Causation and effectuation:Toward a theoretical shift from economic inevitability to entrepreneurial contingency [J]. Academy of Management Review,26(2):243-263.

[271] Schjoedt L,2009. Entrepreneurial job characteristics:An examination of their effect on entrepreneurial satisfaction[J]. Entrepreneurship Theory and Practice,33(3):619-644.

[272] Schumpeter J A,Nichol A J,1934. Robinson's economics of imperfect competition[J]. Journal of Political Economy,42(2):249-259.

[273] Schwienbacher A,2008. Innovation and venture capital exits[J]. The Economic Journal,118(533):1888-1916.

[274] Shane E,Rivas M,Staron R B,et al,1996. Fracture after cardiac transplantation:A prospective longitudinal study[J]. The Journal of Clinical Endocrinology and Metabolism,81(5):1740-1746.

[275] Shane S,2003. A general theory of entrepreneurship:The individual-opportunity nexus[M]. Cheltenham,UK:E. Elgar.

[276] Shane S,Cable D,2002. Network ties,reputation,and the financing of new ventures[J]. Management Science,48(3):364-381.

[277] Shane S,2009. Why encouraging more people to become entrepreneurs is bad public policy[J]. Small Business Economics,33(2):141-149.

[278] Shepherd D A,Krueger N F,2002. An intentions-based model of entrepreneurial teams' social cognition[J]. Entrepreneurship Theory and Practice,27(2):167-185.

[279] Siegel R, Siegel E, MacMillan I C, 1993. Characteristics distinguishing high-growth ventures[J]. Journal of Business Venturing, 8(2): 169-180.

[280] Singh R P, Hills G E, Lumpkin G T, et al, 1999. The entrepreneurial opportunity recognition process: Examining the role of self-perceived alertness and social networks[J]. Academy of Management Proceedings, 1999(1): G1-G6.

[281] Sirmon D G, Hitt M A, Ireland R D, 2007. Managing firm resources in dynamic environments to create value: Looking inside the black box[J]. Academy of Management Review, 32(1): 273-292.

[282] Smeltzer L R, Hook B L V, Hutt R W, 1991. Analysis of the Use of Advisors as Information Sources in Venture Startups[J]. Journal of Small Business Management.

[283] Smith M, Brewster, et al, 1967. The achieving society[J]. Free Press.

[284] Snee R D, Andrews H P, 1971. Statistical design and analysis of shape studies[J]. Applied Statistics, 20(3): 250.

[285] Snell S A, 1992. Control theory in strategic human resource management: The mediating effect of administrative information[J]. Academy of Management Journal, 35(2): 292-327.

[286] Snell S A, Youndt M A, 1995. Human resource management and firm performance: Testing a contingency model of executive controls[J]. Journal of Management, 21(4): 711-737.

[287] Sorensen E, 2007. Enema use prohibited in the neutropenic and thrombocytopenic patient: what is the evidence? [C]//2007: 544-545.

[288] Sorensen J B, 2002. The strength of corporate culture and the reliability of firm performance[J]. Administrative Science Quarterly, 47(1): 70-91.

[289] Sorenson O, Stuart T, 2001. Syndication networks and the spatial dis-

tribution of venture capital investments[J]. American Journal of Sociology,106(6):1546-1588.

[290] Stam W,Arzlanian S,Elfring T,2014. Social capital of entrepreneurs and small firm performance: A meta-analysis of contextual and methodological moderators[J]. Journal of Business Venturing, 29(1):152-173.

[291] Stephan C W,Stephan W G,1985. Two social psychologies: An integrative approach[J].

[292] Stevenson H H, Gumpert D E,1985. The Heart of Entrepreneurship [J]. Harvard Business Review,63(2):85-94.

[293] Stevenson H H,Jarillo J C,2007. A paradigm of entrepreneurship: Entrepreneurial management[M]//Entrepreneurship. Berlin,Heidelberg:Springer Berlin Heidelberg:155-170.

[294] Stinchcombe A L,2004. Social structure and organizations[M]//Advances in Strategic Management. Bingley:Emerald (MCB UP):229-259.

[295] Stuart T E,Hoang H,Hybels R C,1999. Interorganizational endorsements and the performance of entrepreneurial ventures[J]. Administrative Science Quarterly,44(2):315-349.

[296] Tan Y, Lu H, Gao D,2009. Effects of Venture Capitalists Participation in Listed Companies[J]. Securities Market Herald, 27(10): 2015-2034.

[297] Teece,David J,Gary D,Amy S,1997. Dynamic capabilities and strategic management. Strategic Management Journal,18(7):509-533.

[298] Thornhill S, Amit R, 2003. Learning about failure: Bankruptcy, firm age, and the resource-based view[J]. Organization Science, 14(5): 497-509.

[299] Tichy J, 2001. Contact mechanics and lubrication hydrodynamics of chemical-mechanical planarization[M]//Tribology Series. Amsterdam: Elsevier,(39):63-68.

[300] Tichy N M, Tushman M L, Fombrun C,1979. Socialnetwork analysis for organizations[J]. Academy of Management Review,4(4): 507-519.

[301] Tihula S, Huovinen J, Fink M,2009. Entrepreneurial teams vs management teams[J]. Management Research News,32(6): 555-566.

[302] Timmons P M, Colnot C, Cail I, et al,1999. Expression of galectin-7 during epithelial development coincides with the onset of stratification[J]. The International Journal of Developmental Biology,43(3): 229-235.

[303] Timmons J A,1990. New venture creation: Entrepreneurship in the 1990s[M]. 3rd ed. Homewood, IL: Irwin.

[304] Triandis H C, Kurowski L L, Gelfand M J. Workplace diversity.[J]. 1994,4(2nd ed.).(4):769-827.

[305] Tsai S S H,1991. The demand and supply of ming eunuchs[J]. Journal of Asian History,25(2):121-146.

[306] Tsai W, Ghoshal S,1998. Social capital and value creation: The role of intra firm networks[J]. Academy of Management Journal,41(4): 464-476.

[307] Tyebjee T T, Bruno A V,1984. Amodel of venture capitalist investment activity[J]. Management Science,30(9): 1051-1066.

[308] Ucbasaran D, Wright M, Westhead P,2003. A longitudinal study of habitual entrepreneurs: Starters and acquirers[J]. Entrepreneurship & Regional Development,15(3):207-228.

[309] Ueda M,2004. Banks versus venture capital: Project evaluation, screening, and expropriation[J]. The Journal of Finance,59(2): 601-621.

[310] Uzzi B,1997. Social structure and competition in inter firm networks: The paradox of embeddedness[J]. Administrative Science Quarterly,42(1): 35.

[311] Urban G L, Hauser J R,1993. Design and Marketing of New Products (2nd ed.)[M].

[312] Venkatraman N, Ramanujam V,1986. Measurement of business performance in strategy research: A comparison of approaches[J]. Academy of Management Review,11(4): 801-814.

[313] Wall T D, Michie J, Patterson M, et al,2004. On the validity of subjective measures of company performance[J]. Personnel Psychology,57(1): 95-118.

[314] Wang C K, Wang K M, Lu Q,2003. Effects of venture capitalists' participation in listed companies[J]. Journal of Banking & Finance, 27(10): 2015-2034.

[315] Watson T J,1995. In search of HRM[J]. Personnel Review,24(4): 6-16.

[316] Watson W, Stewart W H Jr, BarNir A,2003. The effects of human capital, organizational demography, and interpersonal processes on venture partner perceptions of firm profit and growth[J]. Journal of Business Venturing,18(2): 145-164.

[317] Wernerfelt B,1984. A resource-based view of the firm[J]. Strategic Management Journal,5(2): 171-180.

[318] Wiklund J, Shepherd D,2003. Aspiring for, andachieving growth: The moderating role of resources and opportunities[J]. Journal of Management Studies,40(8): 1919-1941.

[319] William G D, Ginsberg A,1990. Guest Editors' Introduction:Corporate Entrepreneurship[J]. Strategic Management Journal,11:5-15.

[320] Williams K Y, Charles A O,1998. Demography and Diversity in Organizations: A Review of 40 Years of Research[J]. Research in Organizational Behavior,20:77-140.

[321] Williamson O E,2000. The new Institutional Economics: Taking Stock, Looking Ahead[J]. Journal of Economic Literature,38(3): 595-613.

[322] Witt L A, Treadway D C, Ferris G R,2004. The role of age in reactions to organizational politics perceptions[J]. Organizational Analysis,12(1): 39-52.

[323] Woolcock M,1998. Social capital and economic development: Toward a theoretical synthesis and policy framework[J]. Theoryand Society,27(2): 151-208.

[324] Wright M, Vanaelst I,2009. EntrepreneurialTeams and New Business Creation[M].

[325] Wright R M,1998. Venture capital and private equity: A review and synthesis[J]. Journal of Business Finance & Accounting,25(5-6): 521-570.

[326] Wright M, Lockett A,2003. The structure and management of alliances: Syndication in the venture capital industry[J]. Journal of Management Studies,40(8): 2073-2102.

[327] Zacharakis A L, McMullen J S, Shepherd D A, 2007. Venture capitalists' decision policies across three countries: An institutional theory perspective[J]. Journal of International Business Studies,38(5): 691-708.

[328] Zahra S A,1996. Goverance, ownership, and corporate entrepreneurship: The moderating impact of industry technological opportunities [J]. Academy of Management Journal,39(6):1713-1735.

[329] Zahra S A, George G,2002. Absorptivecapacity: A review, reconceptualization, and extension[J]. Academy of Management Review,27(2): 185-203.

[330] Zhang T S, Chen X Y, Huang J,2015. Political Connection,Venture Capital and Firm Performance[J]. Nankai Business Review, 2015(5):18-27.

[331] Zhou X M,2009. Optimization and Realization of G. 729 Speech Coding Algorithm[J]. Semiconductor Photonics & Technology,28(2): 111-116.

[332] Zimmer C, Aldrich H, 1987. Resourcemobilization through ethnic networks[J]. Sociological Perspectives, 30(4): 422-445.

[333] Zollo M, Winter S G, 2002. Deliberatelearning and the evolution of dynamic capabilities[J]. Organization Science, 13(3): 339-351.

[334] Zott R, 2003. Friedrich wilhelm Ostwald (1853—1932), nunmehr 150 jahre Jung…[J]. Angewandte Chemie, 115(34): 4120-4126.

[335] Zott C, Huy Q N, 2007. Howentrepreneurs use symbolic management to acquire resources[J]. Administrative Science Quarterly, 52(1): 70-105.

[336] 边燕杰,丘海雄,2000.企业的社会资本及其功效[J].中国社会科学,(2):87-99.

[337] 陈胜蓝,陈英丽,胡佳妮,2012.市场竞争程度、股权性质与公司融资约束——基于中国20个行业上市公司的实证分析[J].产业经济研究,(4):28-36.

[338] 戴建中,2001.现阶段中国私营企业主研究[J].社会学研究,16(5):65-76.

[339] 邓新明,熊会兵,李剑峰,等,2014.政治关联、国际化战略与企业价值——来自中国民营上市公司面板数据的分析[J].南开管理评论,17(1):26-43.

[340] 董静,孟德敏,2016.高管团队人力资本特征对企业风险投资引进策略的影响[J].科研管理,37(11):89-97.

[341] 杜兴强,周泽将,修宗峰,2009.政治联系与会计稳健性:基于中国民营上市公司的经验证据[J].经济管理,31(7):115-121.

[342] 高凤莲,王志强,2016.独立董事个人社会资本异质性的治理效应研究[J].中国工业经济,(3):146-160.

[343] 何晓斌,蒋君洁,杨治,等,2013.新创企业家应做"外交家"吗?——新创企业家的社交活动对企业绩效的影响[J].管理世界,(6):128-137.

[344] 胡刘芬,周泽将,2018.社会网络关系对风险投资行为的影响及经济后果研究——基于地理学视角的实证分析[J].外国经济与管理,40(4):

110-124.

[345] 李义超,蒋振声,2001.上市公司资本结构与企业绩效的实证分析[J].数量经济技术经济研究,18(2):118-120.

[346] 罗志恒,葛宝山,董保宝,2009.网络、资源获取和中小企业绩效关系研究:基于中国实践[J].软科学,23(8):130-134.

[347] 潘越,戴亦一,吴超鹏,等,2009.社会资本、政治关系与公司投资决策[J].经济研究,44(11):82-94.

[348] 沈艺峰,肖珉,林涛,2009.投资者保护与上市公司资本结构[J].经济研究,44(7):131-142.

[349] 石秀印,1995.市场经济与人际关系[M].哈尔滨:黑龙江人民出版社.

[350] 孙俊华,陈传明,2009.企业家社会资本与公司绩效关系研究——基于中国制造业上市公司的实证研究[J].南开管理评论,12(2):28-36.

[351] 唐运舒,谈毅,2008.风险投资、IPO时机与经营绩效——来自香港创业板的经验证据[J].系统工程理论与实践,28(7):17-26.

[352] 王劲峰,Manfred M F,刘铁军,2012.经济与社会科学空间分析[M].北京:科学出版社.

[353] 王霄,胡军,2005.社会资本结构与中小企业创新——一项基于结构方程模型的实证研究[J].管理世界,21(7):116-122.

[354] 王越,刘珂,2008.集群条件下社会资本影响中小企业融资效应的分析[J].现代财经(天津财经大学学报),28(2):56-59.

[355] 吴超鹏,吴世农,程静雅,等,2012.风险投资对上市公司投融资行为影响的实证研究[J].经济研究,47(1):105-119.

[356] 吴小瑾,陈晓红,2008.基于社会资本的集群中小企业融资行为研究[J].中南财经政法大学学报,(3):121-127.

[357] 徐超,池仁勇,2014.企业家社会资本、个人特质与创业企业绩效——基于中国创业板上市公司的实证研究[J].软科学,28(4):57-61.

[358] 杨建东,李强,曾勇,2010.创业者个人特质、社会资本与风险投资[J].科研管理,31(6):65-72.

[359] 杨俊,张玉利,杨晓非,等,2009.关系强度、关系资源与新企业绩效——基于行为视角的实证研究[J].南开管理评论,12(4):44-54.

[360] 姚振华,2014.创业团队薪酬、股权特征与企业研发强度:基于创业板上市公司的研究[J].科技管理研究,34(15):97-101.

[361] 尹宏祯,2017.高管社会资本、组织合法性对公司价值影响的实证分析[J].财会通讯,(21):49-54.

[362] 张方华,2006.企业社会资本与技术创新绩效:概念模型与实证分析[J].研究与发展管理,18(3):47-53.

[363] 张荣刚,梁琦,2006.信用悖论・信息传输・重复博弈——集团性关联企业信贷风险的逻辑分析[J].社会科学家,(1):70-73.

[364] 张玉利,杨俊,2003.企业家创业行为调查[J].经济理论与经济管理,23(9):61-66.

[365] 赵雪雁,2012.社会资本测量研究综述[J].中国人口・资源与环境,22(7):127-133.

[366] 朱仁宏,曾楚宏,代吉林,2012.创业团队研究述评与展望[J].外国经济与管理,34(11):11-18.

[367] 赵自强,顾丽娟,2012.产品市场竞争、会计稳健性与融资成本——基于中国上市公司的实证研究[J].经济与管理研究,33(11):49-60.

致　　谢

本书基于博士论文,感谢我的博士生导师茅宁教授对我的悉心指导,对我的理论框架、论文结构与内容都给予了详细的修改意见,并指出了许多我没有意识到的问题,让我有了这部专著成果。我在南京大学的整个学术之旅得益于茅宁教授的悉心指导,茅老师是一个值得我终身学习的榜样。无论是做人还是做学问,茅老师用他的言传身教让我领悟到如何做一个正直的人,做一个专业的学者。茅老师给予学生充分的自由,让学生追逐自己的学术梦想,并一直给予大力的支持,很幸运遇到茅宁老师这样的优秀学者和老师。我一直在努力学习茅老师把研究、教学和服务社会三个角色完美平衡的能力,如果没有服务社会的经验,很难找到有价值的研究论题,茅老师总能找到社会关注的问题,并做出兼具实践意义和理论意义的学术成果,进而应用于教学。

茅老师对研究的把控能力和将社会热点融入教学的方式深深影响着我,在快退休的年纪还在跟踪学术热点,每次上课都给我们指引研究的方向,为我们拨开迷雾,引导我们的研究步步深入,这种能力我一直在模仿和学习,这种勤勉的治学态度和专业精神也一直深深感染着我。茅老师的教学一直深受学生欢迎,总能把社会热点与学术研究完美融合,使得学术研究不再是空中楼阁,能让我们深深感受到自己所做研究的意义,从而具有能坚定走下去的决心。

感谢南京大学商学院的老师们,从读博一年级开始就聆听各位老师的课程和讲座,并参与了很多老师的讨论会。南京大学这种开放、包容的精神深深影响着我,我会一直铭记各位老师对学术的分享和合作精神。感谢老师们精彩的课堂给我带来的知识盛宴,也感谢老师们的国际化视野,让我的眼界更加宽广,感谢南京大学的培养。

读博的生活快乐并痛苦着,困难的时光有工作室同学的支持,大家一起讨论分享解决方案,分享自己的学术心得,会让我充满力量继续研究的征途。感谢同门的师兄弟姐妹,在茅老师和师母的关心和榜样作用下,师门非常团结友爱,所有的求助都能得到回应,并且师门同学会无私地给予你更多的关怀,很幸运也很感恩能进入茅老师门下,希望所有茅门子弟都能学有所成,不辜负茅老师的期望。

杨俊
2024 年 10 月